U0100489

大展好書　好書大展

品嘗好書　冠群可期

老拳譜新編40

大梨花槍圖說
捷拳圖說
實用大刀術

程人駿／傅秀山／金恩忠 著

大展出版社有限公司

策劃人語

本叢書重新編排的目的，旨在供各界武術愛好者鑒賞、研習和參考，以達弘揚國術，保存國粹，俾後學者不失真傳而已。

原書大多為中華民國時期的刊本，作者皆為各武術學派的嫡系傳人。他們遵從前人苦心孤詣遺留之術，恐久而湮沒，故集數十年習武之心得，公之於世。叢書內容豐富，樹義精當，文字淺顯，解釋詳明，並且附有動作圖片，實乃學習者空前之佳本。

原書有一些塗抹之處，並不完全正確，恐為收藏者之筆墨。因為著墨甚深，不易恢復原狀，並且尚有部分參考價值，故暫存其舊。另有個別字，疑為錯誤，因存其真，未敢遽改。我們只對有些顯著的錯誤之處做了一些修改的工作；對缺少目錄和編排不當的部分原版本，我們根據內容進行了加工、調整，使其更具合理性和可讀性。有個別原始版本，由於出版時間較早，保存時間長，存在殘頁和短頁的現象，雖經多方努力，仍沒有辦法補全，所幸者，就全書的整體而言，其收藏、參考、學習價值並沒有受到太大的影響。希望有收藏完整者鼎力補全，以裨益當世和後學，使我中華優秀傳統文化傳承不息。

為了更加方便廣大武術愛好者對老拳譜叢書的研究和閱讀，我們對叢書做了一些改進，並根據現代人的閱讀習慣，嘗試著做了斷句，以便於對照閱讀。

由於我們水準有限，失誤和疏漏之處在所難免，敬請讀者予以諒解。

大梨花槍圖說

程人駿著

上海大東書局印行

褚序

國術一道，大別之可分為武當、少林兩派，即俗所稱內工與外工是。此兩派之源流雖有不同，然其主旨在於強身健體則一，是故吾人要當無所偏倚，一例提倡。

夫門戶之見，入主出奴，為學術發展之最大障礙。不幸國術界同仁多有以此相標榜者，坐是鮮有進步，其尤甚者，則固陋成性，珍閟自守，不願出其所學，輕易傳人，坐是雖有絕技，每經失傳，可慨孰甚。

嘗考國術產生歷數千年，而其道不惟不能日事發皇，甚有日即衰微之勢。斯何故也？蓋昔日閉關時代，重文輕武，崇尚文治，而以技擊為小道，不獨為士夫所不屑講求，即一般民眾，亦不以尚武為然，而以武夫為可鄙，以文弱為可喜。職斯之故，民族乃日趨於衰弱。

國術之產生，雖經過悠久之歲月，而其道因之未能發皇光大也。不寧唯是，國術既不為社會所重視，則非有特殊習性者流，無能學習。何也？無公開練習之場所，雖有志學習而莫從問津也，故有所謂草野之民，身懷絕技，伏處山中，深居簡出。有志學者，必往求之，師生授受，絕端秘密，蓋不獨不求其普及，且唯恐其普及。若是者何也？環境使然也。於是學成一技之長，遂能橫行無阻，上焉者成為豪俠義士，下焉者則流為盜匪土霸，而國術乃益為世詬病。

此觀於野史小說所載，不盡無稽，誰為為之？謂非社會習俗有以使然耶？雖然，在昔閉關時代，重文輕武，猶能苟安生存，今則世界門戶洞開，人群競爭日烈，優勝劣敗，強吞弱肉，生存之道，全在民族自決，能否躋於強盛，民族之盛衰，純視乎其全民健全與否。欲使全民臻於健全，首宜講究體育，國術為我國固有之瓌（校點：古同「瑰」）寶，實為體育之上乘，以視西洋體操與各種運動之時間與金錢兩不經濟者，迥乎不同，倘能力加提倡，非不可以普及。

自前歲中央有國術館之設立，樹之風聲，邇來時移勢轉，風氣一變，國術之價值，已漸為人重視，各地國術團體，先後成立，熱心運動，公開提倡，隨時隨地，均能練習，不可謂非剝極復來之機，民族強盛之兆也。雖然，國術源流既長，派別又多，其中精粗美惡，自必瑕瑜互見，抉擇得宜，截短補長，取精用宏，是在習者。

唯各種國術，欲一一習之，則苦為精力時間所不許；而欲求之載籍，則關於此類之紀述甚鮮，是誠令後學有望洋興嘆之憾；不寧唯是，國術之所以易於失傳，最大原因，即由於昔日無有記載，照於後人，是故無系統無組織，欲求發皇光大，戛戛乎難矣？且當時習藝之方法，多恃口講與指畫，曾無著述足資參考，足使人手一編，師自通者，此亦未能普及之一原因也。

乃者大東書局沈駿聲君有鑑於此，特發宏願，徵求國術館及海內國術專家，對於我國固有之各種武技，各本家傳各紓心得，從事著述一一梓以行世，匯為大觀，而問序於余。余為素主提倡國術者，茲事與余夙昔之主張不謀而合，是安可以無言？爰略書其所見，弁諸簡端焉。

褚民誼

序

古之刺兵，有戈殳矛戟諸名，而無所謂槍，故六經無槍字，至秦李斯《蒼頡》（校點：蒼頡應為「倉頡」，上古人名，相傳他創造文字）篇，始有「木兩端銳曰槍」之文。《說文》：「槍岠（校點：岠，大山）也。」解者以為岠人之械，《通俗文》（校點：東漢末服虔撰，是我國第一部俗語詞辭書）曰：「剡木傷盜曰槍。」據此則刺兵之有槍，殆肇始於秦時，然亦僅削木為之，其用略與梃等，非必恃為戰爭之利器也。

降及於唐，我將如秦瓊（校點：今山東濟南市人。唐初名將）、哥舒翰（校點：唐初名將）之徒，始以善用槍聞於世。而梁之王彥章號王鐵槍，宋之李全號李鐵槍。岳飛與金人戰，持丈八鐵槍刺殺黑風大王，此尤戰將用槍之著於史冊者。至槍以梨花名，則宋以前所不經見。李全妻楊氏，自謂「二十年梨花槍，天下無敵手」，梨花槍之名，始見於此，故世傳梨花槍為楊家槍云。

梨花槍法，有六合二十四勢，明戚繼光《紀效新書・長槍總論》中詳言之。戚氏論習槍之秘要，謂「必心能忘手，手能忘槍，心靜手熟，然後能圓轉自如，變化莫測」，其言雖簡，而義甚精，非深於茲事者，不能道也。自時厥後，人皆知長槍為兵中之王，而精其藝以成名者卒鮮。

蓋吾國習俗相沿，重文而輕武，文人學士，鮮有留心武術者；其肄武者，大率江湖之遊手，市井之獷夫，或則鬻技以資財，或且炫勇以賈（**校點：本義：做買賣**）禍，即有技藝稍精，傳授弟子號稱家數者，終以不學無文，末由（**校點：無由**）舉所得筆諸書以垂於後，故不一再傳而遂失之。此武術之所以不競，而其人卒亦不為當世所推重也。

頃歲（校點：近年）一二憂國之士，慨然於國勢之積弱，實國民體力之衰茶（校點：衰弱疲倦），有以致之，相與宣導吾國固有之武術，藉以鍛鍊軀體，淬厲精神，學者亦漸知茲事為當務之急，從而實習者，蓋多有之。及門生程人駿，以體弱故，從貴池劉君海龍，習形意太極諸拳，及大梨花槍法，所習諸式，攝而為圖，演而為說，著《大梨花槍圖說》一編，出以示余。余於武術，非所習也，嘉人駿之勤學，而又能以所得公諸人也，故樂為序其端。

民國十九年九月十五日

攖寧道人　序

程序

憶十四五時，弱而好弄，得值國技家李叟。叟以少林之技授弟子，而陰修綿張之術。時微窺之，求學焉，纏擾再四，叟無已，姑許可。一旦偶與諸兄有違言，叟見之遂毅然決絕。再三懇之，則曰：「吾術為道家之初步，忌殺盜淫妄，汝好高騖名，斯近妄。家庭多故，異日或不免殺機。祖師有訓，不敢犯也。」余於是始審國技家之有戒律。

稍長識唐先生殿卿，何先生玉山，許先生遇春，近又獲納交於黃先生介梓，咸尸居龍見，淵無默聲，不汲汲於市朝，而天爵自貴。自惟生平有志儒者，每見之，未嘗不恍然自失也。

吾宗人駿，以余雖不武，而於武事有浮慕焉，爰述其師劉君海龍之大梨花槍圖說見示，方今天下紛紛，擅一技一藝之長者，足以自致金台禮客，非無其人。劉君顧蕭然物外，用師門秘傳，憲章祖述，自娛自守，斯其闇然日章之德，不亦同符於諸先生歟。僕名師之棄人也，無能為役，第念劉君籍皖南，吾儕固有同岑之感焉?昔在明季，吾宗沖斗真如兩公，以槍術聞海內，而一為少林，一為峨嵋，若用輝映，今二十八劄，十二倒手之名，徒見於前人著述，無由徵其實在，獨沖斗公武技全書，流傳海內。劉君今茲翹然以才勇崛起，足以繼兩公而為吾皖之光。人駿勉旃，其努力深造，無負劉君之厚意也。

民國十九年孟秋之月

歙縣 **程善之** 謹序

戴 序

余友程君人駿，早歲攻技擊，作輒不恒，技亦不進，中年患痰嗽，中西藥雜沓互進，非惟無效，且加厲焉。有友人語之曰：子曩（校點：曩：以往，從前）習技擊，亦知蚩蚩之氓（校點：敦厚而愚昧的人）飲大和，食舊德，熙熙然俯仰於光天化日之下，而絕無夭扎（校點：疑為「夭折」）痼癘之苦者。其故何也？

周秦以前，鄉國郊遂之學教干戈，習禮樂，童而肄（校點：學習，練習）之，長而習之，匪獨升降進退，盤辟周旋，可以勞其筋骨已也，執籥（校點：籥，一種樂器）秉翟（校點：翟，用野雞尾毛製作的舞具），與夫戣（校點：戣，古代戟一類的兵器）劉干戚之屬，發揚蹈厲，盤旋躃踴，尤足淪臟腑之積滯，營衛之阻塞，筋骨之凝縮，藉以免痼癘夭扎之苦。

漢魏而後，樂廢禮崩，干羽戈戚之屬，明堂清廟，略事陳設，等於具文，惟技擊之術，其流傳於椎埋（校點：指偷盜搶殺的惡徒）廝（校點：同廝，幹粗雜活的小役）養、俠客畸人，而為文人學士所不足道不屑肄者，深蓄周秦遺意，而為消除痼疾之良法。

人駿聞之，重理舊業，踰月而痰嗽癒。復師劉君海龍習大梨花槍法，騰躍躃踴，日無停晷，再踰月而痰喘亦癒，乃知冉有（校點：春秋時儒者，魯國人，孔丘弟子）用矛於齊師，樊遲（校點：孔丘弟子）踰溝而著績，古人之教胄子（校點：國子學生員），與胄子之所以辛苦力學，禮樂干戈，不容偏廢，有事則致力於家國，無事則磨練其形骸，而絕無沉疴（校點：重病；久治不癒的病）痼疾之患，良有以也。

天球不敏，於技擊之術絕未一窺門徑，獨於人駿習技擊及梨花槍法後，既能自已其病，復將梨花槍法編之成書，付之剞劂（校點：雕版；刻印），以文流傳，俾世之攖痼疾者，踵而求之，共登仁壽之域。其術既精，其心亦良苦矣，至斯槍成法，形式路徑，前賢諸序，述之綦（校點：極，很）詳，故不復贅云。

中華民國十九年雙十節

江都 **戴天球** 謹序

劉序

余之研究國術，蓋有年矣，嘗憶先君以數世習武，歷居武職，皆不為士林所重。及得余兄弟，乃命習儒書，冀將來於文壇得一席地，以雪不文之恥。而余兄弟不肖，不能仰體先君之意，於文學終無所得，垂髫（**校點：指三四歲至八九歲的兒童**）即喜伸拳踢足；偶遊市衢，見路旁角技者，必駐足而觀，一若武術與余有無限之情感者，蓋生性使然。

先君始則怒，繼則思，終則喜。怒者，怒余兄弟不肯學文也。思者，思文與武，雖世俗有軒輊，而實際則各有立場也。喜者，喜吾兄弟雖不文，而終能克紹箕裘（**校點：能夠繼承先輩的事業**）也，遂聽吾兄弟所為而不禁。

余以伏處鄉里，視聽不廣，無從得良師，適仲衡三伯，權福山鎮標，兼川沙營參將，乃往依焉，得遇滕師九齡，從習湖南地盤拳法，三年得其秘歸省。值南京義順成標局，山東章丘蒿師得勝，護標返自北方，道經清江，因譜兄柴君熊飛，得委贄焉。

蒿師出初交門，名藉甚，從遊弟子，多至數千人，所學為世重者，有八記功、武松雙戒刀、少林盤刀、大小六合槍等。余從之遊三年，盡得其秘。嗣聞淮揚道署山東石師安邦，為六合門名手，精六合八卦八仙諸拳、對劄六合槍、六合八仙龍形梅花諸劍，乃往從之，又三年而罄其所學；同時復聞漕河道署，有山東鍾師抱如，出少林門，善九節鞭、雙鞭、刀夾鞭、少林地盤、大小紅拳，復往從焉，二年而得其奧；遊淮城，獲交清真教士蔣師鳳歧，知其亦為少林高手，乃從其學太似拳、梅花刀槍、精光開膛、大刀，一年而成；游維揚，聞唐師殿卿，有神手之號，乃往學西洋掌、三義刀槍、雙打五虎群羊棍；最後聞步師瑞成，以梨花槍名滿一時，又往學焉。初學綿張八法手、長拳對打、單刀二十四腕、春秋刀、雙鐧、雙錘、板凳花，繼學奇槍、梅花槍、杜家棒、大小梨花槍。

既學梨花槍，然後知槍之果為諸兵器之王，而梨花槍之妙，妙在著著緊湊，虛實莫測；左右前後，進退裕如；其定若石，其動如風，兼諸家之長，而無諸家之短，於是昕夕（**校點：朝暮，謂終日**）苦練，寒暑彌間，以迄於今。

歷年來，唯習武事，先君見背（**校點：謂父母或長輩去世**）後，不善治家人生產，間亦佐軍伍，充教練，然與世浮沉，終無餘積，近十數年來，無意功名，蟄居維揚，授徒遣日。

今春，遇程君人駿，請余教以梨花槍。余固稔程君已十年，僅知其為人豁達愛友，不知其宿已習武，喜而應其請，並教以余所最精之拳腳、刀劍，及從譜兄柴君熊飛處所學得太極、形意、八卦拳等。程君隨學即知其意，雖有問難，要皆使余深思而得發前人所未發之解。其叔祖志成先生，亦熱心志士，勸余將梨花槍，演成式，由其攝影，並由人駿編撰成書，以行於世。

余五習藝半生，百無成就，特始終不懈，以冀於成，即以學得梨花槍法而論，迄今二十餘年，無論祁寒（校點：嚴寒）盛暑，從未間斷，固不敢自滿，以為成功，又安可妄竊先輩前規，以作後人之矩矱（校點：規矩法度），將不為海內大名家齒冷乎？志成、人駿則以絕藝流傳不易，往往有武而不文，不足以闡揚；文而不武，無從為述著，茲值編者、演者、攝影者皆萃於一室，若不乘此時，各出所長，合以成書，以與國人研究，則他日者，時移境易，欲為且不可得。

余深感其意，尤善其與國人研究之言，乃首肯而出步師所授之譜，與二君互相檢校，考訂訛誤，復由余演式，志成攝影，人駿編撰，凡半載而成書，明知倉卒集事，難免識者芒蕪之誚，然拋磚引玉，深願讀吾書者，如為個中高手，務祈不吝珠玉，錫以箴言，指其疵謬，則余豈非又得良師於余之學，不更又有進境乎？是為序。

中華民國十九年八月一日

貴池 **劉海龍** 序

程序

余性嗜美術，苦無門徑，恒於各種畫報中觀摩，乃悟攝影術不可不加研究，於是購機置物，從事攝影。數年來，於光學，於化學，於算學等，皆略有研究。初則取攝風景，聊以自娛；繼則親友煩託，攝個人半身、全身或闔家歡之影。得吾影者，咸謬以不亞專家。

自國民政府定都南京後，有李將軍景林，張將軍之江，慨中國之不振，因種族之浸弱，提倡國術，導吾同胞，人知鍛鍊體魄，使吾同胞，人人以荏弱之軀，轉瞬易為剛強之體，歟歟盛哉！無惑乎各處風靡一時，人皆習武，於是許遇春君，乃發憤出其所演燕青拳術，編撰成書，並欲將各式攝成影片，以餉世人，來就商於予。

予於拳術，少所研練，然家鄉生新安萬山之中，朋儕之演習，父老之傳聞，固宿知拳術之有益於身，且有裨於國。今許君不惜以其所學，公之於世，予又何惜末技，不助之成哉？乃慨焉允其請，半月而影成，聞許君已將印行矣。

族侄孫人駿，近習武事，有師曰劉海龍，固一時之傑也，精內外家拳術，知各項兵器，尤以梨花槍為最擅長。余詢人駿，知劉君之梨花槍法，乃受之步君瑞成。自步君即世而後，得其傳者，僅有數人，閱時既久，頗有因衣食之奔走，而致荒疏者。

余與人駿，懼其久而將失其傳，則梨花槍，不將成為廣陵散乎？爰請劉君，出其所傳歌訣，為之一一考訂正訛，並由劉君海龍，按譜而演，余乃就其可攝者，為之規劃一一分別攝成，並由人駿按式就譜，手足之進退，身體之轉折，槍桿之迴旋，槍面之正側，按序之先後，逐句從細編撰成書，公諸國人，俾使讀者按譜觀圖，按圖讀文，按文練式，循序漸進，雖無師焉，果能多用時日，亦可學成。即已習者，亦可作參考之助云爾。書成，人駿挽余為之序。余唯不深知槍法之精奧，不敢妄有論列，然聞之人人言，固知梨花槍乃三國時趙氏所傳，為各槍之宗，而尤為最近各種槍法之冠也，矧（校點：另外，況且）圖又為余所攝，義不容辭，乃就余攝影之經過，以至為武術攝影之緣起，拉雜書之，以為序云。

中華民國十九年八月一日

古歙 **程志成** 序

自序

自火器昌明，而槍劍幾失其效，於是習武術者，往往供私人械鬥之資，或為匪徒越貨之具；其立品較高者，則以為修道之方，然多隱居岩阿，與世隔絕；而號稱時髦者流，又多採用泰西體操，以為修身之法，遂使我中華數千年來，雄視萬邦之國技，若隱若顯。近者從政諸公，有鑑於此，提倡武術，不遺餘力，創國術館於首都，分館遍宇內，於是山林隱逸之士，有一技之長者，皆得正當顯名之途。

余生不辰，五月而孤，年方五齡，有戚羅錦章先生，紅沙手范老應之徒也，欲予授技，先茲以吾家祖傳太極拳，足以鍛鍊身體而有餘；不欲吾習外家拳，恐長將桀驁其性也。弱冠舍學就商，人事因循，體魄大滅，受業師族叔祖善之先生，勸予從許遇春先生習燕青，從黃介梓先生習八卦形意，皆以心為境役，未竟所學。最近以經營不順，閒居於家，乃與族叔祖志成先生，溫習太極，並購陳微明先生楊派太極拳劍諸書而參考之，頗有互相發明之樂。

今春遇劉海龍先生於京口，客途多暇，藉談遣時。予固識劉有年，見其平日言行樸陋，以為江湖之人也，孰知細談之下，劉固世家子，以習武傾其家，以不學故無文人士夫之友，遂雜於儔（校點：同輩，伴侶）人之中，並悉劉亦嘗學太極拳於柴先生雄飛。柴為西來禪師高弟，西來則傳自黃山煉氣士靜空。相傳靜空俗姓程，少受家庭隱痛，乃棄家修道。靜空拳藝，本為家學，即吾祖靈洗公所遺流之宗派也。

劉於太極拳外，所精內外家拳及兵器甚多，尤精大梨花槍法，余乃從之遊，請其專教大梨花槍法，旁及各種拳技，並隨時將所學筆而記之，半載而體魄大健，恢復十數年前初出里門時之體魄。志成叔祖以習武之效若此，而習槍之效尤大，乃勸劉演式，彼則分別攝成影片，勸余按式就平日所記，增損成書，以餉國人。劉先生習之有年，猶恐見識大雅，固謙之不遑，予維初學，所編於自修省記則可，焉可以問世？抑又聞之，火器之用，用以及遠，若巷戰，或衝鋒、短兵肉搏之時，火器所不及施，雖用刺刀，然插於槍上，運用不靈，莫若槍之伸縮自如，托劉從心，是亦可以補戰陣於萬一。而志成先生固熱心人也，又安可拂其意？況書出之後，苟有專家，指其疵謬，劉先生自可隨時更正，余亦可從而改良，是亦葩經鳥鳴嚶嚶之意云爾。是為序。

中華民國十九年八月二十日

古歙　**程人駿**　序

本書演式及校訂者

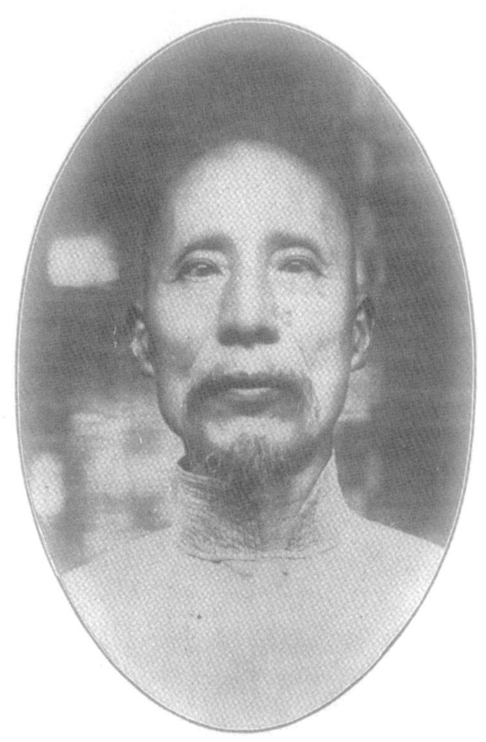

劉海龍先生小影

本書編者

程人駿先生小影

本書攝影及校訂者

程志高先生小影

大梨花槍　目錄

第二編　八　母……四五

第一編 概論

第一章 沿革

古來名將，無有不用槍者。蓋槍之製，木其桿而鐵其頭。槍之形，桿長頭尖而兩面皆刃。槍之用，尖可以刺，桿可以擊，兩刃可以砍，而槍為長兵。善用者，長足及人而不為長所累，兼眾兵之長，極長短之妙，故相傳有槍為百兵之祖之稱。

考槍之始為棍，繼則為戈為矛，最後乃成槍。至今仍有所謂戈矛者，形雖不同，長亦稍殺，要為槍之所從出焉。而棍法中亦有所謂封背提挪者，杜家之棒，沙家之桿，皆槍法也，而不名槍，更可以知槍法源流之所在矣。考槍之法，名世者家數甚多，舉所知者，有六合槍，有太極槍，有八卦槍，有形意槍，有七星槍，有金絲箄槍，有銀絲箄槍，有五虎段門槍，有五虎群羊槍，有梅花槍，有冷龍槍，有張飛神槍，有岳家奇槍，有大金槍，有楊家槍，有提籃槍，有天王十八劄，有沙家十八劄，有杜家棒，有小梨花槍，及其他種種槍法，皆歷朝高手，或因對敵而發明，或因勤習而有得，編以成套，題以專名，傳之後世。

若大梨花槍法，則始自後漢將趙雲。相傳趙氏以大梨花槍法，馳騁於曹氏百萬軍中，衝鋒陷陣，則用通沉吞吐；斬將搴旗，則用搖圈鳳點頭；當馬撥箭，則用抖擭梨花擺頭，所向無敵，威震當時，名傳千古。趙氏復取大梨花八母槍法，演成六套，俾使學者連貫習練；又以槍頭擺動時，白光閃閃，若梨花之片片，遂名之曰大梨花槍，然史乘不載，莫可考證。迨唐之末葉，有壽州劉康又者，沉默有膂力，善用矛槊，尤精大梨花槍法，始屈於黃巢，繼從梁太祖襲巢破蔡，累遷至元從都將。康又而後，至宋李全，以梨花槍威震華夏，然於成法多有改易，師弟相承，遂為家法。顧李曾為盜，弟子諱言之，以其妻氏楊，乃託為楊家，即世所傳楊家槍法是也。

清之中葉，有張安邦者，得大梨花槍法真傳。張世居江都邑屬東偏之張綱鎮，初以武孝廉為揚州緝私營官，調充狼山遊擊，累遷揚州參將，署理漕中協。先是揚州為鹺（校點：鹽的別名）商薈萃之區，江北一帶，私梟充斥，歷任緝私官兵，咸懾其威，不敢問，及張為營官，乃率部痛創之。相傳當會戰之時，張手一槍，大呼陷陣，擋者披靡，所部繼之，一鼓而定。當時有稱之為「賽子龍」者，有稱之為「鐵槍」者。暮年致仕家居，閉戶練槍，不以白髮盈顛而少間，鄰近宵小，因以斂跡，里人呼為張三太爺而不名。

有子女各一，子不習武，遂以槍法悉授予女。傳聞某年之秋，其女於田，適值舊時敗於張手之私梟，結隊而過，將擒辱之，女乃拾道旁竹竿，以槍法拒敵，以一當百，毫無怯意，未幾敵皆敗退。得張之傳者，其女外僅袁廣富、竇開榮、顧鑾龍三人。竇復就大梨花槍法，稍事減易，自成一套，即今所傳之小梨花槍法是也。三人中，尤以袁廣富為最精。有過袁居，覺其所常練槍之根，木痕下凹，隱然有五指印，故當時言大梨花槍法者，稱張「蓋三江」，袁「蓋江蘇」。袁槍法雖精，從學者亦夥，然得其專者，僅步先生瑞成。步先生於大梨花槍法，習之畢生，亦有「蓋江蘇」之號。步先生名重一時，從遊亦眾，然於大梨花槍法，視若拱壁，除三數入室弟子外，輒少所授，茲編所載，則得之劉師海龍所述者。劉皖之，貴池人，精技擊，世居清江，往來淮揚間，交遊頗廣，步先生入室弟子三數人中，劉居其一云。

第二章 三 病

學大梨花槍者須知三病：身法不正，一病也；三尖不照，二病也；當劄不劄，三病也。

身法不正，則變化無根，進退失據。所謂三尖，即鼻尖、槍尖、足尖是也，上照鼻尖，中照槍尖，下照足尖，即中平架為各勢之先，應各種之變。訣云：「中平槍，槍中王，高低遠近都不防；高不攔，底不挪，當中一點難招架。」一接，二進，三攔，四格，五挪，六直、封、背、提、挪、鉤、截、彈、攔是也。

如三尖不照，則不但不能制人，反為人制矣。當不劄不劄，則坐失時機，使敵人易於變化，故訣又云：「一聲響處值千金，你不提防我便贏。」所以形容當劄之時，萬不可不劄也。

第三章 四 要

學大梨花槍者，尤須知四要：一要眼快；二要手快；三要腰步相隨；四要臨場不亂。

而四者之中，以臨場不亂為最要。蓋刀砍一片，槍劄一線；疾若飆風，急若閃電；鬼沒神出，萬化千變；聲東擊西，攻南取北；圓轉若環，進退莫測；我以是施諸人，人亦以是施諸我；所謂知己知彼，百戰百勝；當此時也，學者務須平心靜氣，默察機宜，隨而應之，萬不可自亂，否則眼花而手遲，步錯而腰滯，未有能自保者也。

第四章 搖 圈

學大梨花槍者，必須先學搖圈。所謂圈者，即太極圈、子母圈、鈎挪圈之類是也。凡各種槍法，皆由圈中劄出。當搖圈時，尤須左右擺動，上下挑起，謂之圈中十字，所以招架敵人之兵刃也。訣云：「圈中若無十字法，太極圈中即是空。」即此之謂也。

搖圈之法，由左而下，而右而上，順搖者，謂之順圈，亦謂之太極圈。由右而上，而左而下，背搖者，謂之背圈，亦謂之鈎挪圈。所謂子母圈者，乃順搖一大圈，背搖一小圈，當搖動時，槍圈風疾，槍光燦然，如二銀線之相套。練槍之時，搖圈不妨較大，大則用力多而功夫易長；然亦有一定標準，如太極圈、鈎挪圈，則上齊眉，下至足；子母圈之外圈，直徑則不能逾一尺。

如用以對敵時，搖圈則不宜過大。昔戚氏所著《紀效新書》，記唐荊公之言曰：「人身側影，只有七八寸，槍圈但挪開他槍一尺，即不及我身膊可矣。圈挪既大，彼槍開遠，亦與我無益，而我之力盡。」此說極精，爰採錄焉，學者當引以為法。

第五章　秘　訣

學大梨花槍者，務須明白手法，訣云：「前手如管，後手如鎖，槍似伏腰索。」蓋謂前手握槍之桿，虛靈如管，可以抽送如意；後手握槍之根，緊牢如鎖，可以通沉隨心；槍桿伏腰，如索之纏身。

使槍之時，必須調息，訣云：「一呼一吸，遍體著力；步步向前，萬將無敵。」蓋息既調，則氣沉丹田，下盤穩固，而兩肩下沉，全身之勁，均在兩臂，兩臂之勁，純在一槍，身即是槍，槍即是身，身神所至，焉有不戰勝攻取者乎？

劄槍之時，須求準快，準則欲劄何處，即得何處；快則風馳電掣，使敵人無所措其手足。訣云：「指人頭，劄人面」；「先劄手和足，劄得還嫌遲」;「不招不架，便是一下;招招架架，便是十下」;「你槍動，我槍發，你槍不動我槍劄;你槍定，我槍平，你槍起處我槍迎;左右偏攔兼撲衛，急上加急不留停。」即此之謂也，學者能於此中細心體會，然後再習八母槍法，及大套槍法，歷時既久，自能應敵而不為敵困矣。

第二編 八 母

第一章 淺 說

大梨花槍法，共六套分十九路，極攻擊防禦之能，為各種槍法之冠，變化既多，轉折亦繁，學者若無基本功夫，則往往力不能勝，且巧亦不能到。所謂基本功夫者，即八母槍法是也。八母者何?即通沉槍、吞吐槍、鳳點頭、太極圈、抖護、梨花擺頭、砍月、仰月是也。

槍之有八母，猶字之有八法，無論若何筆劃攢簇之字，總是八法湊成，大梨花槍法亦何獨不然，無論六套如何神化不測，終不能離八母而易式。且八母槍法，形式既簡而易練，用力亦專而不分，學者果能勤而習之，則不但增長體力，且能知槍法之本源，神而明之，再習六套，未有不左右逢源者也。

第二章 通沉槍

通槍者，出槍也；用通字者，有槍刺出時，物當之無堅不通之意。沉槍者，收槍也；用沉字者，有槍收回時，帶沉勁，物值之無堅不折之意。傳聞昔者張三太爺，有時應敵，僅用光頭蠟桿；用通槍時，能將敵人前心穿出後心；沉槍時，能將堅木凳擊斷。可見前人練槍之功夫矣。

茲將練法分段列後。

甲　預備式

身正立，向南，兩足蹬下，成馬襠式；左手握槍桿，右手握槍根，槍尖左指，微向上，成下平槍式（如圖A）。

乙　通　槍

承上式，身向東轉，向前探，同時，左右足尖微移向東南，足跟不離原位，坐實左腿，右腿伸直，成弓箭襠。當轉身時，兩手伸直併齊，將槍極力向前刺出，槍尖指東，槍根對腹。眼看槍尖，成中平槍式（如圖B）。

丙　沉　槍

承上式，轉身向南，兩足尖仍移向南，回復馬襠式。趁勢右手將槍抽回，朝下一捺，回復下平槍式（參看圖A）。

圖A　下平槍

圖B　中平槍

第三章 吞吐槍

吞槍者，收槍也；吐槍者，出槍也；手法與通沉槍無異；其不同者，即兩足耳。通沉槍時，兩足坐實踏地；吞吐槍則於收槍或出槍時，同時提一足靠襠，一足立地，其姿勢有若鶴立，亦有謂之金雞獨立者。

蓋練槍者，通沉既須實力，下盤尤須穩固，倘遇相當之時，或地僅容一足，或避對方兵器，手之於槍，既須著力，獨立一腿，尤須如雙足踏地，同其穩固，方不致敗。

茲將練法分段列後。

甲　預備式

身正立，向南，兩足蹬下，成馬襠式。左手握槍桿，右手握槍根，槍尖左指，微向上，成下平槍式（參看圖A）。

乙 吐 槍

承上式，起身轉向東，提右足靠襠。趁起身提足時，兩手伸直併齊，極力將槍向前刺出，槍尖指東，槍根對腹。眼看槍尖，成金雞獨立式（如圖C）。

丙 吞 槍

承上式，落右步，朝後退一步，立定，隨提左足靠襠。右手同時將槍收回，緊貼腰際，槍尖指東。眼看槍尖（如圖D）。

按，通沉槍與吞吐槍，實四個動作，而今稱兩母者，蓋槍為長兵，既經刺出，無論中與不中，須急收回方不為長所累，故善用通沉吞吐槍法者，如劍客中之妙手空空兒之使劍，一擊不中，便翩然引去，其來也突然，其去也忽然，來去如風，進退莫測，夫而後可以制敵，而不為敵所制。

圖C　金雞獨立

圖D　金雞獨立

第四章 鳳點頭

鳳點頭，象形也，沉動槍桿，使槍頭上下顫動，如鳳之點頭然，所以克敵人之兵刃，兼以點敵人前手之腕或大指者也。茲將練法分段列後。

甲 預備式

身向南，雙足叉開，成馬襠式。右手倒握槍根，與右肩齊，肘下垂；左手握槍桿，向右斜垂，槍尖下指。面向東，眼看槍尖，名曰滴水式（如圖E）。

乙 鳳點頭

承上式，將身朝西微收，坐實右足，微蹬下；收回左足，提起後跟，足尖點地，膝微屈。趁勢右手向下一翻一捺，左手向上一提，手腕趁勢一擰勁，使槍桿彈動，槍頭點動，如鳳之點頭然（如圖F）。

圖E　滴　水

圖F　左點步

第五章　太極圈

太極圈，為槍中要著，蓋無論各種槍法，於出槍之先，俱須搖太極圈，蓋太極圈極鈎攔掤絞之能，既可以隔各種兵器，掩護本身，又可以於隔開之後，趁勢進各種槍法，敵人往往無措其手足。而搖太極圈，大小亦有一定範圍，須注意槍尖上齊眉，下至足為度，不可過大，大而無度；不可過小，小不護身。

茲將練法分段列後。

甲　預備式

身正立，向南，兩足蹬下，成馬襠式。左手握槍桿，右手握槍根，槍尖左指，微向上，成下平槍式（參看圖A）。

圖G　右點步

乙　搖　圈

承上式，將身向前下探，坐實左足，提右足，點起足尖。同時，微提右手，左手捲握槍桿，由上而下，由左而右搖動（如圖G）。

當槍由下而上，由右而左，一圈方周時，身後倚，趁勢坐實右足，提起左足，點起足尖（參看圖F）。

第六章 抖 護

抖護，乃橫擺槍頭，以用於敵人四面會攻，兵刃雜進；或遇箭如飛蝗時，各種槍法，皆不及用，乃左右擺動槍頭，遇兵器即隔，遇箭即撥之意。當抖護時，遍體著力。學者習之，最易長全身功夫。

茲將練法分段列後。

甲 預備式

身下立，向南，兩足蹬下，成馬襠式。左手握槍桿，右手握槍根，槍尖左指，微向上，成下平槍式（參看圖A）。

乙 右抖護

承上式，提右足，向南進一步，立定，成右弓左箭式。當進步時，右手握槍根，緊貼腰際，左手微舉，握槍桿，射擊擺進，橫抖槍頭（如圖H）。

丙　左抖護

承上式，坐實左步，右步退回原處。右手仍緊貼腰際，左手仍將槍擺回，橫抖槍頭（如圖I）。

圖H　懷抱琵琶

圖I　懷抱琵琶

第七章　梨花擺頭

梨花擺頭，亦是槍頭橫擺，所以撥敵人之兵器；手法與抖護同，唯抖護乃四面擺動，梨花擺頭則正對前面擺動，緊護前身。工夫深者，練時，對面來人，只見白光閃閃，如梨花片片然。

茲將練法分段列後。

甲　預備式

身正立，向南，兩足蹬下，成馬襠式。左手握槍桿，右手握槍根，槍尖左指，微向下，成下平槍式（參看圖A）。

乙　擺　頭

承上式，右手緊握槍根貼腰際，左手握槍，向左右擺搖（姿勢如圖A，唯槍須左右擺；當擺動時，不能攝影，故無圖）。

圖J　左點步

第八章　砍月槍

砍月槍法，所以砍敵人之手腕，左來則左砍，右來則右砍，中來則中砍。

茲將練法分段列後。

甲　預備式

身向南，右足微坐下，重心在右足；左足提起，足尖點地。右手握槍根，離腰四五寸；左手握槍桿，槍桿貼腰，槍尖指東（如圖J）。

圖K　騎龍步

乙　右砍月

坐實左足，右步前進，身微坐下，成騎龍步。

同時，左手腕向下一翻，如砍物然，手背在上，手心朝下，右手仍如前不動（如圖K）。

圖L　左點步

丙　左砍月

坐實右步，提左步向前，足尖點地。同時，左腕向左一翻，捲握槍桿，故又謂為捲把砍（如圖L）。

丁　中砍月

身不動，右足坐實不動，左足提起，足尖點下，謂之點步。同時，左腿趁勢復朝下一翻（參看圖J）。

第九章 仰月槍

仰月槍法，所以讓開敵人之兵刃，隨手即劄。習之純熟，能不為敵人之兵刃所困，轉可以因敵人之來勢，而取其手腕。

茲將練法分段列後。

甲 預備式

身正立，向南，兩足蹬下，成馬襠式。左手握槍桿，右手握槍根，槍尖左指，微向上，成下平槍式（參看圖A）。

乙 右仰月

坐實左步，進右步，成騎龍式。右手握槍根，緊貼腰際；左手托槍，由左而下而右，劃一小圈（如圖M）。

圖M　騎龍步

丙　左仰月

坐實右步，進左步，足尖點地。右手仍如前，左手趁勢將槍由右而下而左，劃一小圈（參看圖L）。

按，砍月槍法，與仰月槍法，除手法外，身腰步法，大衹相同；較異者，砍月有下砍之意，如敵人以封背槍刺我，我則以槍刃砍其大指，或其手腕；仰月有上仰之意，槍訣所謂封不給封，背不給背；你對我背，你背我對，純在敵人兵刃上繞圈，得便即取指或腕；所謂月者，因月形圓，吾國譬語，凡圓者，皆喻之為月，即半圓者，亦喻之為月。

用砍月槍法時，槍頭由上而下；用仰月槍法時，槍頭由下而上，皆適劃成半圓形圈，故有月之喻。學者須因其名而思其意，則練時自能得心應手矣。

第三編 譜 式

第一章 淺 說

學大梨花者，既讀以上諸章，於槍之源流、練習之方法，及應注意各點，已能得其梗概，當進一步而為大套槍法之練習，以求心手相應，腰步相隨，虛實相生，進退合節。

查大套槍法，皆由首至尾，渾成無間，身法、步法、手法、眼法、槍法，融成一片。而大套槍法中，尤以大梨花槍，為各種槍法中之最適用，而又最神奇者焉。

按，大梨花槍法，共六套，原為二十路，自張三太爺，將天盤與搖旗，併為一路，至今遂為十九路。其十八路，皆以太極圈回身鶴勢為過門；最後一路，則以鈎挪槍為過門。

茲依譜逐句演式製圖，詳加解釋，仍照原譜，每套為一章。另於每路過門時，逐路注明，分別列後，俾學者有所遵循。唯大梨花槍法，雖分六套，而首尾一貫；雖分十九路，而路路相生。

今為便於學者習練，不得不妄為段落，勉強分章；明知難免割裂之譏，而學者勤而練之，既久既熟，自不難一氣為之，而得渾成之妙。學槍者至此，規矩準繩，大體粗備，至神而明之，則存乎其人矣。

第一圖　起　勢

第二章　第一套

第一路

【預備起式】

身正立，向東。兩手下垂，右手握槍，拇指、食指、中指、無名指握槍根，小指貼桿後，槍尖貼地，刃朝上下；左手五指上翹，掌心向地（如圖一）。

按，無論表演何種拳術，或任何兵器，因地制宜，本無一定方向，茲云向東者，因無論何種拳術兵器，成套表

第二圖 金雞獨立

演，有由正而背者，有由左而右者，變化無定，方向隨更，若不於初起時，假定方向，則隨後轉身返步，皆無標準。

【浪裡提篙須上步】

右手握槍根，移靠丹田，左手同時抄架右手。右足同時提起掛於左股，名曰金雞獨立式（如圖二）。

右手隨即倒提槍桿，向右斜上亮開，槍尖仍然點地，如提篙然；左手同時向左亮開。於亮右手時，起右足向右邁出，作右弓左箭正面式，如挺立驚濤駭浪中之舟上然，名曰白鶴亮翅式（如

第三圖　白鶴亮翅

圖三）。

【穿措抽絲兩相連】

承上式，回身左手併至右手前，虛握槍桿。同時，左足尖點地，後跟移向北落實，收右步靠左步，身體隨轉向南直立。

右手舉槍，肘下垂；左手虛握槍桿，向左理出；同時，兩臂用勁彈槍桿，使槍與左手、兩肩及胸，成一直線，槍尖指東。眼看槍尖，是謂上平槍式（如圖四）。

左右手將槍朝下一捺，趁勢刺出，

第四圖　上平槍

急即顛桿將槍收回，是謂迎壓槍。當一捺一刺及收槍顛桿時，槍頭皆抖成槍花。

同時，左足向東踏出，身蹬下，刺槍時成弓箭襠，收槍時成馬襠，即下平槍式（參看八母圖A）。

左足尖朝東移一步，右足同時向前靠近，足尖點地，緊靠左足跟，同時將身蹬下，坐於右足跟上。

同時，右手出槍，左手理桿，順靠右手，槍尖齊眉。此式名曰葉底藏花（如圖五）。

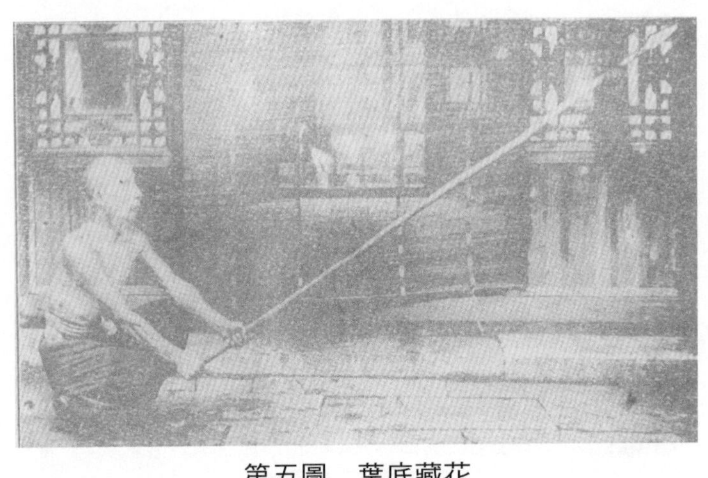

第五圖　葉底藏花

右足向西探出，同時身體直立，左足退靠右足，面仍向南。

同時，左右手將槍由右而左，搖一背圈，左手仍伸直托槍桿，右肘仍垂下，槍桿仍平靠胸，還復上平槍勢（參看圖四）。當迎壓進槍，及托槍搖圈，即所謂穿措抽絲是也。

【左出步似蛇踏地】

承上式，提左步，將落未落之時，即躍右步，落於左步之東；同時，左步落下，極力向東邁出，身子蹬下。雙手同時將槍伏地，如蛇之伏地然，名曰地

第六圖　鋪地錦

蛇槍，即鋪地錦式（如圖六）。

【右攔槍騎龍爭先】

承上式起立，提右足向後（即向東），套一步立定。

同時，雙手倒提槍桿，搖背圈倒劄，右手上舉，左手下落，槍尖指地。此右攔槍法也，名曰騎龍步式（如圖七）。

【四平槍蜈蚣鑽塔】

承上式，右足立定；同時，左足向東邁進，足尖點地，右足微彎；身向東微俯，重心在右足，成寒雞式。同時，

第七圖　右攔槍騎龍步

兩臂用勁將槍迎壓，抖成槍花，尖仍指地。目看槍尖（如圖八）。

繼向東進左步，同時催擠右步。右手理桿靠近左手，併力將槍刺出，趁勢由下向前挑起。

右足急向前（即東）進一大步，身隨步轉向北，腰隨身折向東。同時，雙臂攤開握桿，槍尖由東上挑，斜指西方刺下。兩足作右弓左箭式，立定。左手倒捲握槍桿，右手拇指與食指夾扶桿端（如圖九）。

當槍由東上挑轉西下刺時，如蜈蚣

第八圖　四平槍

第九圖　鶴　勢

疾爬，故謂之蜈蚣鑽塔。

【劈劄槍黃龍探爪】

承上式，左足向北進一步，隨提右足靠襠。雙手起槍，槍尖由西而北，上挑南指，右手握槍端靠左肋，左手握槍桿與肩平，名曰太公釣魚式（如圖十）。

迅落右步，轉身提右步，由北而東南落下，作弓箭襠式，身隨步轉，面南向。

同時，雙手提槍由右而左，絞一大圈，向東南劄下，隨即身腰探下，雙手將槍朝下一捺，成下迎壓槍，槍尖抖成槍花，名曰黃龍探爪（如圖十一）。

【登山步迎壓進槍】

承上式，提右步向前（即東）躍進，同時，邁左步向東（即登山

第十圖　太公釣魚

第十一圖　黃龍探爪

步），身腰隨步下沉，成馬襠勢。將槍桿一翻，就勢送出，隨即收進，還成下平槍（參看八母圖A）。

按，槍桿一翻，所以迎敵人之兵器而壓之，趁勢刺出一槍，隨即抽回，謂之迎壓進槍。

登山步者，即提前步於未落時，躍後步轉落於前步之前，趁勢邁進前步之謂也。

【大絞掤佯輸詐敗】

承上式，同時顛起左右足，左右點步。搖槍成太極圈（參看八母圖F

G），共搖三次，同時，半槍朝下一絞。

隨即移後步為前步，即右步為前步，成弓形，左步為後步，成箭形，身隨步轉向西。右手上舉，肘乃下垂，大指與食指、中指、無名指平扶槍根；左手下垂，捲握槍桿，槍尖向東下指。面向南，眼看槍尖，名曰鶴勢（如圖十二），即敗勢也，向西退走至場盡處立定。

第十二圖　鶴　勢

第二路

【三撌三挪盡絞掤　回身鶴勢歸跌落】

承上式，轉身向南，兩足尖提

第十三圖　伏虎勢

起，由南移向東南立定。兩手將槍一翻，右手握槍根，下垂靠襠；左手握桿平肩，槍尖齊眉，面朝東南，槍尖指東，眼看槍尖，勢名伏虎（如圖十三）。

右手虛握槍桿，左手搖槍成圈，由左而右，隨將槍向下刺出，掤勁收進，謂之三攢（登山步參考前篇）進前，（向東）反絞一槍刺出，謂之挪。如是者三次，謂之三攢三挪。

搖圈時須帶掤勁；刺槍前槍先反絞，故謂之盡絞掤，所以撥挪敵人之兵刃也。繼即回身向西，如前敗勢（參看圖十二），退行七八步，至場之盡處。

第三章　第二套

第三路

【顛槍又使地蛇槍】

承上式，就右弓左箭勢，將身落下，坐於右足跟上，身腰伸直，左足向東極力叉出（如圖十四），右足向東進步，足尖緊靠左足跟點地，身隨步進，仍坐於右足跟，左足變直為曲，步仍不移。

是時左手理桿，靠近右手，向東如對敵人分心就刺，名曰葉底藏花（參看圖五）。將槍搖一背圈。同時起身，右足向西退一大步，左足隨而退靠右步，面南向，還成上平槍勢（參看圖四）。將槍朝下一捺，如

第十四圖　地蛇槍

刺敵人之足。腰於動槍時，隨向前微彎。

同時，進左足伸直，足尖點地，右膝微屈（參看圖八）。就勢將槍朝上一掤，朝前一刺。同時，提右步，躍左步，右步落於左步之前（即登山步），身隨右步落時坐下，左足極力向前叉出（參看圖十四）。

按，槍下捺上掤，使槍頭顛動不已，即謂之顛槍。

【掤槍扳還勢最剛】

承上式，將槍尖左右兩拍，中一

點，謂之鳳凰三點頭，收槍起立。右步擠靠左步，同時提進左步，跟進右步，轉身向北。由下而上，指西下刺，成鶴勢（參看圖十二）。

隨即提左步，進左步，落右步，叉左步，身隨步轉向南。槍還由西上扳，指東下刺，雙手握槍落下，貼地仍成地蛇槍勢（參看圖十四）。

起身踏定左步，提右步進前落下，躍進左步立定，腰向前探，成左弓右箭式。雙手極力將槍一捺，向前（東）一刺，槍尖槍桿及槍根與心窩，成一直線（參看八母圖B）。

急將槍收回，兩腿復立成馬襠，槍靠小腹，如下平槍勢（參看八母圖A）。兩足尖左右點。雙手托槍，搖太極圈（參看八母圖FG）三次，回身鶴勢（參看圖十二），退走至場盡處。

按，槍由下而上時，如扳重物；由上而下時，如卸重物，即所謂扳；由東而西，復由西而東，即所謂還。當扳還時，全身之勁，盡在兩

第十五圖　騎龍步

臂；兩臂之勁，盡在一槍，其勢之剛可以想見。

第四路

【佯輸風雲真莫測】

上式鶴勢，即敗勢即所謂佯輸是也。緊承上式，急轉身，身腰微彎，左足伸直，足尖點地；右足微弓，成寒雞式。雙手捺槍（參看八母圖I）。進右步。同時，將槍尖向左挑出（如圖十五）。

繼進左步。將槍尖向右挑出。如是者或八次，或十次，謂之風雲。站定左步，提右步向前，（東）擠跳。同時，右手將槍通出，隨即收回，成下平槍勢（參看八母圖A），謂之登山步迎壓進槍。

兩足尖左右點，雙手托槍搖太極圈，（參看八母圖FG）三次，回身鶴勢（參看圖十二），退走至場西盡處。

第五路

【詐敗滾袖吐寒光　虛晃一槍即回走】

上式鶴勢，既謂佯輸，亦即詐敗。緊承上式，右步向右進一步，左步又套進一步。同時，雙手舉槍，由西而上而東南，反搖圈三四次（如圖十六）。

退左步，套右步，退左步，套右步。同時，由西而上而東北，順搖圈三四次（如圖十七）。

搖槍時，即就敵人之袖，左右圓滾，擋者腕無不折，故謂之滾袖。

第十六圖　滾袖槍

第十七圖　滾袖槍

繼即登山迎壓進槍（圖說見前）。兩足尖左右點。雙手托槍搖太極圈（參看八母圖FG）三次，回身鶴勢（參看圖十二）。退走至場西盡處。

當太極圈搖過第二次時，第三圈搖一大圈即虛晃一槍。篇中凡有轉回之處，皆有敗勢，即譜中鶴勢佯輸詐敗之類，今復重一句者，蓋梨花槍法，純以敗中取勝，所謂缺陷中見巧，最使人莫測，而演槍回還，佯輸詐敗，又為勢中過門，非此則不能轉折如意，故一路將終，當回身時，皆有此種槍法，而此句獨表明不嫌繁複者。蓋欲使文氣貫注，並欲使學者明於敗勢一式，尤為梨花槍中獨擅，必須特加之意焉云爾。

第六路

【背劍摩雲雙勢藏】

承上式，提左步，掛右股，回身向北，落左步，掛右步，落下成

第十八圖　蘇秦背劍

前（東）弓後（西）箭式。右手在上，握槍，距根約一尺許；左手在下，握槍，離槍尖亦約一尺許，仍成倒提槍勢（參看圖九），謂之滴水式。提右足靠襠。

同時握槍，左手翻上，右手送下空出，翻至頭際，背執槍根。身仍朝北，面則東望，（如圖十八），左步落下，轉身向南，進右步落下，身隨伏下，左步極力向前（東）探出。兩手握槍伏地，成地蛇槍勢（參看圖十四）。

第十九圖　托塔槍

將槍向右一掃，回槍向左盤頭靡一大圈，站立成鶴勢（參看圖十二）。

【托塔槍裡封劄槍】

承上式，退右步踏定，膝微彎，左足尖虛點，身隨步轉，腰微彎。同時，左手向上捲握托槍，右手握槍根，沉靠腰際，槍尖齊眉。眼看槍尖（如圖十九）。

左腕朝下一翻，如對敵人前手之指，就勢一劄，謂之穿指（參看八母圖J）。提右足靠襠，左足立定。左手虛握槍桿，右手極力將槍朝前（東）刺出（即謂之吐）。隨落右足，進右步立定。

同時，手腕朝下一翻，槍由左而右壓成半圓圈，謂之封。封也者，封敵人之兵器也。兩手併齊，緊握槍根，向前（東）極力刺出，謂之劄。收槍搖太極圈（參看八母圖ＦＧ），鶴勢回身（參看圖十二），退走如前。

第七路

【落馬金蟾四海揚】

承上式，轉身由西而北，摩動足跟，移足尖向北，坐盤。平舉槍由頂上摩過，兩手成交叉形，落下與肩成一字，槍尖指東。眼看槍尖，名曰落馬金蟾（如圖二十）。

起身，雙足騰空，左足先躍，右足後躍，轉身落下，成地蛇槍（參

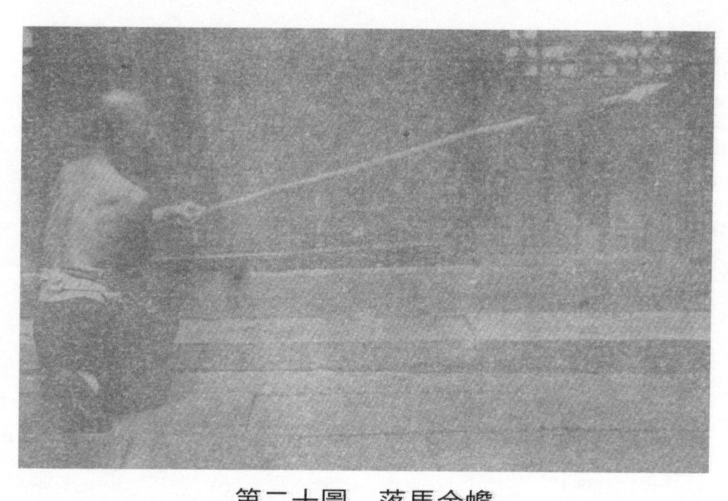

第二十圖　落馬金蟾

看圖十四）。

進右步，身仍蹬下。雙手將槍刺出，成葉底藏花（參看圖五）。

第四章　第三套

【上平槍法勢極高　鳳凰點頭在裏包】

承上式，搖背圈，還成上平槍（參看圖四）。

雙手腕朝外一翻，將槍朝下一沉，槍桿抖動，槍頭顫動如鳳之點頭（如圖二十一）。

第二十一圖　中平槍

【挺身現出鐵掃帚　裙攔槍打中平腰】

承上式，向南進左步立定，跟進右步，成前弓後箭襠。同時，將槍由左向前一掃，名曰鐵掃帚（如圖二十二）。繼續退右步，套於左足後，將槍由前向左一撥，謂之裙攔（如圖二十三）。

【黃龍探爪斜門進】

承上式，右步立定，左步向後退一步立定，提起左足，足跟靠襠。同時，雙手提槍，由後攢上，斜指東南

第二十二圖　鐵掃帚

第二十三圖　裙攔槍

（參看圖十）。落右步，斜進左步，成斜前弓後箭式。

同時，絞槍由右而左，隨即下劄，急翻手腕，又朝下一劄，即黃龍探爪。斜門進者，由斜方進也（參看圖十一）。

【劄沉虛晃回身逃】

承上式，提右步向東踏進落下，急提左足向東踏出，立成馬襠式。同時，提槍由下而上，由左而右絞一圈，隨即朝下一翻，所以封敵人之兵器，趁勢向前一劄，隨時收槍向後一沉。

雙足仍然左右點，雙手仍然托槍，搖太極圈三次（參看八母圖FG），變成鶴勢（參看圖十二），退向西走至場盡處。

第八路

【燕子奪窠紉針現】

承上式，左足尖移向北，右足尖點起，身隨轉向北，坐下。雙手持

第二十四圖　美女紉針

槍由頭際盤過，成交叉形，槍桿與兩肩平（參看圖二十）。

左足踏定，提起右足，朝東邁出，成前（東）弓後箭式。同時，右手緊握槍根，向東極力刺出；左手於右手握槍刺出時，極力向左亮開。面向東方，眼看槍尖，名曰美女紉針（如圖二十四）。

身體向左收回，微往下坐，左膝微屈，右足於身體收回時，亦隨而收回，足尖點地。同時，右手將槍拖回靠胸，左手亦收回作南無手，掌合槍

第二十五圖　燕子奪窠

根，是名燕子奪窠（如圖二十五）。

右手復伸直朝前（東）刺一槍。當刺槍時，左足同時亮開（參看圖二十四），左足尖由東向南移動，身隨步轉向南，跟進右步。趁勢雙手托槍，由下而上，由右而左搖一大圈，高舉右手，倒提槍桿，朝下一劄。同時，立定右步，套進左步，名天王劄（參看圖七）。

立定右步，邁進左步，身微蹬下，成馬襠式。雙手托槍，朝前分心就刺，隨時收槍，成下平槍式（參看

第二十六圖　太極圈

八母圖A）。

雙足左右點。雙手托槍搖太極圈（參看八母圖FG）三次，當第三次將住時（如圖二十六），急擠左步，提右步，躍進左步前落下，左足同時提起，急躍進一大步，身子朝前一探。雙手提槍，極力隨身刺出，隨即抽回，如大蟒擺尾穿出洞然。復雙足左右點，雙手托槍搖太極圈（參看八母圖FG）三次，回身鶴勢（參看圖十二），退至場西盡處。

第二十七圖　花步剳膝

第九路

【花步剳膝敗裏包】

承上式，移右足尖向北，進左步。撩槍由下而上，由東而西，由西而東，槍翹起，斜指東南。左步立定，右步提靠襠，謂之正步劈剳槍式（參看圖十）。落右步，轉向南，提右步靠襠。

同時，回身將槍由右而左，搖一大圈，朝下如對敵人之膝一剳（如圖二十七）。落左步，提右步，又剳膝（如圖二十八），即花步剳膝，共六

第二十八圖　花步劄膝

次，或八次。

【虛晃一槍佯長走】

承上式，登山步迎壓進槍。雙足仍然左右點。雙手托槍搖太極圈（參看八母圖ＦＧ）三次。回身鶴勢（參看圖十二），退至場西盡處。

按，搖即晃，搖太極圈，亦可謂為晃太極圈。當搖圈之時，有絞有掤，至第三圈，槍圈放大，所以使敵人讓開，趁勢即倒提槍桿鶴勢回身便走，即所謂「虛晃一槍佯長走」是也。

第十路

【盤膝槍擺放光毫】

承上式，提進右步向西南，急提左步，斜向東南進步立定，面向東北，身微蹬下，成馬襠式。雙手由右而左，搖圈如鈎物然，同時左手併至右手，合握槍端，朝東北斜刺下（參看圖二十二）。

按，圖為正面，此槍式則為背面，因攝影時，恐背影於手擋槍根等處，不能顯出，故用正面影，讀者幸從細體悟之。

墊左步，挪右足，向左斜進一步，落下時足尖向東南，身隨步轉，跟提左足，向東邁出，急提右足，朝後（即西北）斜退，踏定成馬襠勢。同時，雙手提槍，正搖一圈，即由左而右；同時左手併至右手，合握槍端，朝東南斜方刺下（參看圖二十二）。如是者左右四次，或六次，或八次。

按，盤膝與劄膝不同，所謂劄膝，即倒提槍桿，對膝即劄；所謂盤膝，即提槍左右走，對敵人之膝劃圈，得便即劄，有盤旋之意。

【封劄沉絞將敗去】

承上式，提右步，躍落左足前，急進左步，成馬襠勢，即登山步是也。趁勢迎壓進槍，還成下平槍勢（參看八母圖A）。雙足左右點，雙手托槍搖太極圈（參看八母圖FG）三次，鶴勢回身（參看圖十二），退向西行至場盡處。

第十一路

【回身跌落勢最高】

承上式，轉身由西而北，摩動足跟，移足尖向北，坐盤。平舉槍由頂上摩過，兩手成交叉形，落下與肩成一字，槍尖指東。眼看槍尖，謂之落馬金蟾（參看圖二十）。起身，雙足騰空，左足先躍，右足後躍，轉身落下，成地蛇槍（參看圖十四）。進右步，身仍蹬下。雙手將槍刺出，成葉底藏花（參看圖五）。

第五章　第四套

【鋪地錦槍變騎龍】

承上式，右足向東進步，足尖緊靠左足跟點地，身隨步進，仍坐於右足跟，左足變直為曲，步仍不移。同時，左手理桿，靠近右手，向東如對敵人分心就刺，仍成葉底藏花式（參看圖五），將槍搖一背圈。同時起身，右足向西退一大步，左足隨而退靠右步，面向南。還成上平槍勢（參看圖四），將槍朝下一捺，如刺敵人之足。

腰於動槍時，向前微彎。同時，進左足伸直，足尖點地；右膝微屈，墊左步，躍右步落下。同時左足向東邁出，身伏下。雙手握槍伏地，即鋪地錦（參看圖六）。起身，立定左步，套進右步。倒提槍桿，成騎龍式（參看圖七）。

第二十九圖　天盤槍

【天盤搖旗起半空】

承上式，轉身向東，進左步，急擠靠右步，催進左步，急進右步，足尖轉向北，身隨步轉。雙手持槍向東挑起（如圖二十九），趁勢翻桿向西倒劄（如圖三十），即所謂天盤槍是也，趁勢雙腕朝下一翻，下劄一槍，謂之下迎壓。復擠右步，催進左步，急進右足，

第三十圖　回身劄

足尖轉而回南，身隨步轉。雙手提槍向西挑起，趁勢翻桿向東倒劄。

身正，右足微屈立定，重心在右足，收左足，足尖點地。兩手將槍舉起，如舉旗然，身正向東（如圖三十一），左步立定，躍右步，左步跟而躍起，身由北而西而南而東一轉，先落右步，就勢一摩，仍左足尖點地，如前式（參看圖三十一）。

【孤雁出群重圍出】

承上式，提右步向東，足尖向北落下，身隨轉向北；退左步，足尖移向南，身隨轉向南，移左步，足尖向北；進右步，足尖亦向北，身隨步轉向北，成弓箭襠。槍向東南斜方落下。同時，左足尖移向北。當移足時，同時急將槍從頭上盤過，自東南而北而西而南而東，掃一大圈，如孤雁之出群，立定成鶴勢（參看圖九）。

上左步，退右步，掛右步，落左步。雙手提槍，由左而右掃一大圈，伏地成鋪地錦（參看圖六）。登山步迎壓進槍，太極圈（參看八母圖FG），鶴勢回身（參看圖十二），行至場西盡處。

第三十一圖　秦王搖旗

第三十二圖　右琵琶

第十二路

【兩抱琵琶勢如風　詐敗回身將彼賺】

承上式，轉身向東，左足尖移向東南，右足提靠襠。同時，將槍挑起，由左向右一壓，名曰右琵琶（如圖三十二）。

落右步，提左步靠襠，顛進右步。同時，將槍由右而左一壓，名曰左琵琶（參看八母圖D）。如是者六次或八次。

落左步，進右步，落下，進左

第三十三圖　右撥挪槍

步，即登山步迎壓進槍，搖太極圈（參看八母圖ＦＧ）三次，鶴勢（參看圖十二），回身如前。

第十三路

【撥挪槍法二面衝　虛晃一槍歸跌落　上平槍法妙無窮】

承上式，向南旁進左步，躍右步，轉身向東落下。雙手提槍，由下而上由左而右劃一小圈，如鈎物然，可以撥挪敵人之兵器，名曰右撥挪槍（如圖三十三）。

第三十四圖　左撥挪槍

雙手併舉握槍根，朝前一刺，面東向（參看八母圖B）。北進右步，立定，繼進左步，轉身；東進左步，同時雙手提槍由下而上，由右而左，劃一小圈，如鈎物然，亦以撥敵人之兵器，名曰左撥挪槍（如圖三十四）。

雙手併舉握槍根，朝前一刺，面向東，槍尖指東（參看圖十七）。向東進左步，站定，進右步，立成馬襠式，迎壓進槍，搖太極圈（參看八母圖FG）三次。

鶴勢（參看圖十二）回身，左足

收靠右足立定，身正向南。雙手提槍，由下而上，回復上平槍勢（參看圖四）。

第六章 第五套

第十四路

【撥草尋蛇法無差】

承上式，左足向南進一步，足尖向東，足跟向西，站定。雙手提槍倒下，由左向右一撥。眼看槍尖，名曰右撥草尋蛇（如圖三十五）。

提右步，向東進一步，掛左步，向北伸出，立定，成右弓左箭襠。當提右步時，同時將槍由南而北，就地一撥，趁勢上挑，雙手併舉握槍根，由上下劈，槍尖指東南，名曰左撥草尋蛇（參看圖二十二）。

右足向北套進一步，槍隨步由南北撥。躍左步，掛右步，回身落

第三十五圖　右撥草尋蛇

左步，邁出右步，站成右弓左箭式。同時，雙手提槍，由右而左，就地一撥，回槍向東北劈下，如撥開草見蛇而劈之意，名曰右撥草尋蛇（參看圖二十二背面式）。

左右六次或八次。登山步迎壓進槍，搖太極圈（參看八母圖FG）三次，鶴勢（參看圖十二）回身如前。

第十五路

【靈貓撲鼠破法家】

承上式，轉身進右步。將槍由左而右一掃，謂之右下攔槍（參看圖十

第三十六圖　靈貓捕鼠

五）。

提左步，足尖靠襠，落下時，足尖向東，足跟向西，轉身伏下，右足向南極力邁出。雙手握槍，伏地成鋪地錦式，面向東（如圖三十六）。

起身提左足，向南套進一步，成左騎龍步，膝微屈，身向前微探。雙手提槍，就勢向北橫掃。提右步向前進一步，足尖朝東落下，身隨伏下，左足極力向北邁出。

雙手握槍伏地，槍尖向北，成鋪地錦式（參看圖十四）。如是者六次或八次。

按，身伏地成鋪地錦時，如貓之伏地；起身進步掃槍，如貓之撲鼠。其靜如止水，其動若風發；身手矯捷，擋者披靡，此所以有靈貓撲鼠之喻也。

【封劄沉絞將彼賺】

承上式，起身提右步，足尖朝南落下，進右步立定，成馬檔式，迎壓進槍，雙足左右點，搖太極圈（參看八母圖FG）三次，回身鶴勢（參看圖十二）走七八步，轉身向南，變馬檔。右手將槍朝下一捺，成下平槍式（參看八母圖A）。轉身向東，左足直立，提右步靠檔，成中平槍式（如圖三十七）。

右手極力將槍朝前送出，與左手併握，槍根對臍，槍尖指東，槍桿成一字形（參看八母圖C）。

第三十七圖　右仙鶴槍

按，迎壓進槍，與搖太極圈，俱謂之封劄沉絞。蓋提槍由右掀左，謂之封；由左翻右，謂之背；刺槍謂之劄，收槍謂之沉，搖圈謂之絞也。

第十六路

【提挪槍法現雙花】

承上式，右足進一步落下，提左足靠襠立定。當進右步時，雙手將槍由右而左搖一圈，高舉右手，倒提槍桿，朝下一劄，身東向，槍尖指地。眼看槍尖（參看圖二十七）。落左步成馬襠。右手趁勢朝下一沉，成下平槍式（參看八母圖A）。

起身，提右步靠襠。同時，右手極力將槍送出，與右手併握槍根（參看八母圖C）。如是者六次或八次。

【詐敗回身金蟾落】

承上式，落右步，進左步，即登山步，迎壓進槍，雙足左右點，搖太極圈（參看八母圖FG）三次，回身鶴勢（參看圖十二）走七八步，轉身朝北坐下。

右手握槍根，向西拖回；左手握槍桿，離右手約七八寸許，順桿由頭際轉下，槍尖指東，成落馬金蟾（參看圖二十）。

第十七路

【平槍變化實堪誇】

承上式，起身雙足騰空，轉身向南，右足落下，身隨伏下；左足趁落下時，向東極力邁出。雙手握槍伏地成鋪地錦式（參看圖六）。起身向前探，右足隨身前進一步，足尖緊靠左足跟點地。同時，右手將槍向前通出，身隨坐下。眼看槍尖，成葉底藏花式（參看圖五）。

右足退一大步，左足退靠右步，回身向南直立。同時，將槍搖一小背圈，將槍沉回，復成上平槍式（參看圖四）。

第七章 第六套

【鋪地錦槍中門前】

承上式，轉身向東，伸進左足，足尖點地；右膝微彎，成寒雞式（參看圖八）。雙手將槍朝下一捺。眼看槍尖（如圖三十八）。

進右步落下，身隨伏下，左足趁勢向東極力邁出。雙手握槍伏地，仍成鋪地錦式（參看圖六）。

第三十八圖　寒雞

【地盤槍法兩相連】

承上式，起身，右足尖移向東，躍左步，轉身向北落下。同時，右手換成倒握槍根，與左手成交叉形，即地盤槍（**如圖三十九**）。

起身，提右步，掛左股，於右足蹬下時，左步落下，向東極力邁出，成鋪地錦式（**參看圖六**）。

起身，進右步，跟進左步，身向前探，成左弓右箭式。同時，右手極力將槍刺出，與左手併握槍根，隨即收槍還復下平槍式（**參看八母圖A**）。

第三十九圖　地盤槍

當鋪地錦起身進步刺槍之時，須如風雨之驟至，如大蟒出洞然，故槍訣亦有謂為「大蟒出洞分心刺」者，學者尤不可不注意焉。雙足左右點，搖太極圈（參看八母圖FG）三次，回身鶴勢（參看圖十二），走七八步站定。

按，身由上而下，如物之布地，故謂之鋪地錦。伏地轉身時，謂之地盤。形式不殊，而用意有別，學者宜注意體察，不可忽過為要。

第十八路

【砍月槍鋒勢極險】

承上式，回身將槍由左而右一砍，套進右步，成騎龍式（參看八母圖K）。右步立定，左步向東進一步，足尖點地。將槍朝右一砍（參看八母圖L），全身不動，趁勢將槍復朝下一砍，所以砍敵人之桿，或敵人之手指及手腕，即所謂砍月槍法也。如是者五次。

登山迎壓進槍，太極圈（參看八母圖FG），回身鶴勢（參看圖十二），退走如前。

第十九路

【槍稱仰月法最綿】

承上式，回身將槍由左而右朝下一翻，手心朝上。套進右步，成騎龍式（參看八母圖M）。

右步立定，左步向東進一步，足尖點地。將槍朝下一圈，手背朝上（參看八母圖L），即左劃圈，讓開敵人之兵器，使之左右莫測，即所謂仰月槍法也。如是者五次或七次。

【鉤挪槍法世無匹　烏龍變化是金蟾】

承上式，登山步迎壓進槍（見前）。當進槍時，將槍朝後微收，將槍由右而左而右，搖一大圈。同時，提右步朝西北落下，套於左步之後；急退左步，向西北斜方落下，須於搖槍時，同時並動。如是者五步。轉身向北蹬下，成落馬金蟾（參圖圖二十），轉身成鋪地錦（參看圖六）。起身蹬下，成葉底藏花（參看圖五）。起身收槍，還復上平槍（參看圖四）。

按，將槍搖圈時，用意如鉤敵人之兵器然，即謂之鉤槍。而搖圈時，鉤敵人之兵器，向旁一挪，即謂之挪槍。故不能鉤，即不能挪；能

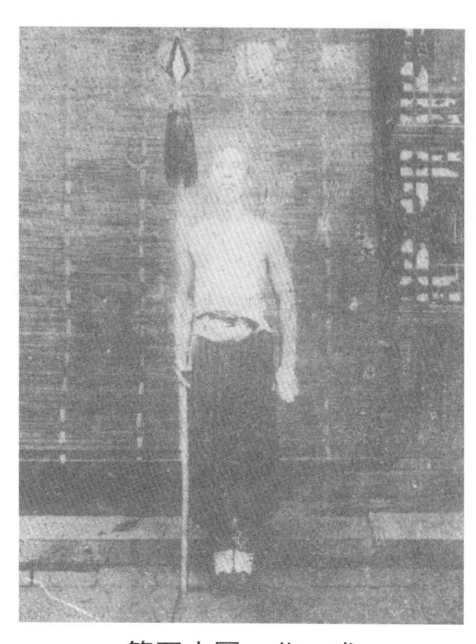

第四十圖　收　式

挪，先必須鈎；鈎挪二字，不能折開。學者幸深思而演習之，庶幾有得心應手之妙。

收　式

承上式，左手將槍朝右一送，右手執槍成立正式（如圖四十）。

後序

編大梨花既竟，有問於予者曰：子之書則詳矣，槍之法則備矣？抑子聞之乎，劍如飛鳳，槍如遊龍。所謂龍者，御雲氣，負青天，詭譎變化，人莫能測；槍之神者，亦猶是也。

然茲編所載，僅手眼身心步之法，槍頭之顫動，槍花之燦爛，槍桿之綿軟，雖筆不能寫，雖圖不能顯，則是有質而無精，有體而無魂，其亦不足貴也已。

余曰：誠然，子不聞孟子之言乎，大匠能使人規矩，不能使人巧。茲編所載，則規矩也。若筆所不能寫，圖所不能顯者，則巧也。語云：熟能生巧。學者循規矩而熟習之，自能生巧，巧固由規矩中來也。修道者性命雙修，有命而後可修性；果無命焉，性於何有？若圖所不能顯者，亦有術焉；使之顯，則影戲尚矣；然筆終不能寫，雖寫亦不能盡也。深願提倡武術者，不但於槍於各種拳藝，設法使之現於銀幕之上，則效力之大，更有不可言喻者，是在熱心人特加之意云爾。

中華民國十九年八月三十一日

古歙 **程人駿** 贅言

中華民國二十年四月印刷
中華民國二十年四月初版

大梨花槍圖說（全一冊）
△（定價大洋五角）
（外埠酌加郵費匯費）

著述者　程人駿　上海北福建路二號
發行人　沈駿聲　上海北福建路二號
印刷所　大東書局　上海北福建路二號
總發行所　大東書局　上海四馬路中市
分發行所　大東書局
南京　遼寧　天津
漢口　長沙　哈爾濱
廣州　杭州　重慶
北平　汕頭　徐州

禹城傅秀山著述

捷拳圖說

上海大東書局印行

序

我中華國於亞洲，具五千年之歷史文化，本宜強逾歐美，稱雄寰宇也，然今日竟淪於次殖民地地位，可勝痛哉！溯本窮源，雖由科學幼稚，工商不振，教育不能普及，內亂未克敉平（校點：敉，撫也；敉平：安撫，安定），而構成此內政失修外侮日亟之局勢；然全民眾忽視體育，沿襲重文輕武之惡習，而養成今日萎靡不振、奄奄垂斃之多數病夫，實為中華民族衰老之絕大原因也。

我國上古，本重體育，如干戈弓矢之屬，撲擊拳勇之技，無不家喻戶曉；降至近世，火器發明，拳術遂廢棄湮沒而無聞，殊不知國術之為用，可使弱者強，夭者壽，病者痊，頹唐萎靡者，可使剛毅果敢，其直接問接影響於社會國家，不亦深且鉅（校點：同巨、大）哉！

禹城傅秀山先生，國術專家也，本其健身強國之旨，研究國術，歷數十年如一日，其武藝之精通，技術之超卓，早已蜚聲全國，無待贅言；尤能力事提倡，誨人不倦，茲本生平研究之心得，歷經名師之指導，編纂是書，個中秘訣，闡發無餘，盡道人所不能道，生龍活虎，縱躍奔騰，種種精奧，一一筆而出之，掃前人不公開之惡習。書成之日，行見紙貴洛陽，爭觀為快，其有裨國術前途，寧有涯涘耶。

中華民國十八年十二月三十日

山左諶祖安

序於上海國術比賽大會

自序

蓋聞有大志者，而後可以負大任就大事，然尤須有大精神大魄力濟之而後可。苟有志焉，而神如風燭，力難縛雞，惡乎其可也。孟子曰：「故天將降大任於斯人也，必先苦其心志，勞其筋骨，餓其體膚，空乏其身，行拂亂其所為，所以動心忍性，增益其所不能。」是孟子之重視心性與體魄可知，心性之磨鍊，或由學問，或由境遇；至於磨鍊體魄，舍國技莫屬。何則？蓋運動之術雖多，而能益內利外，用剛濟柔，有百利而一弊，則惟國技耳。

世之君子，鑒於國病民弱，起而倡之，良有以也。山也不肖，幼而瘠弱，且又善病，或勸山習國技以壯身，韙之，迺從劉師希嶽練習梅花拳有年，漸識其味。及劉師不祿，山又負笈遍遊各地，幸於濟垣，獲見韓愧生先生之捷拳，剛中寓柔，柔中寓剛，適合生理，有益心身，得蒙傳授，雖未洞徹其中玄奧，然從事以來，未受病魔之苦，豈非斯術所賜歟？

客秋海上中華國技學會，有國技報出刊，山適主教席於松之武術會，因而函索拙稿。然山不文，安敢操觚（校點：觚，古代作書寫用的木簡。操觚，原指執簡寫字，後即指寫文章）著述，不過將師之所遺口訣五要，動作理法，錄以付諸棗梨（校點：指代雕版印刷。古人以梨木、棗木為雕版刻書的上選材料，故稱），並附以圖說，編輯成冊，聊作野人獻芹（校點：把不值錢的芹菜當好東西獻給別人。比喻貢獻的不是有多大價值的東西），以襄（校點：助理，佐治）有志君子，為磨鍊體魄之一助，更希海內名達，不棄鄙陋，有以教正之，則幸甚矣。

捷拳圖說　目錄

捷拳之要旨

梅花捷拳以劈、挑、閃、衝、斜五式為基本，以上中下三盤為捷法。捷者何？敏之謂也。拳曰捷，猶路之有捷徑也。

捷拳之用，貴巧不貴力，乘敵之隙而動，所謂出其不意，攻其無備也；遠則用手足，近則使肘膝；身體靈活，動作敏捷。如能精達此意，則敵雖有賁育（校點：戰國時勇士孟賁和夏育的並稱。出自《韓非子・守道》：「戰士出死，而願為賁育。」）之勇，亦無所施其技矣，是故拳之所以貴乎捷，而捷拳之命名，及其致用之功，概可見焉。

十二字訣

點、按、伸、縮、奇、正、吊、擄、速、巧、活、合。

解曰：點者，以重力聚於一點也。夫重力聚於一點，其力較散漫者為大而速。譬如鐵錘，愈重則其速力愈滯；刃鋒愈利，則其刺力愈疾。所謂能受一拳，不能受一掌；能受一掌，不能受一指之精意也。

按者，當我手未及敵人之身也，視之若無力然；及至其身也，猛力一按，使其氣虛而內傷也。

伸者，舒也，張而大之，引伸而使之長也。

縮者，斂也，充而實之，聚氣以斂神也。

奇者，側也。正者，正也。善技擊者，不出奇正，奇正相生，變化無窮；或指前而打手，或指左而打右，或指上而打下，虛實相乘，剛柔互用，端倪莫測也。

吊擄者，沉潛之勢也。先賢謂：沉機以觀變，潛心以觀理，窮理以接物。拳術之吊擄手，乃順敵手之來，我乃以手吊之擄之，故能乘敵人之勢以應之。敵之來勢愈猛，其仆也愈快，其跌也愈遠矣。

速者，神速也，能於敵手未到之際，我手已先著其身，我手之法，不見其去而已；我手之來，未見其來而已來；敵雖欲格拒，已不及矣。

巧者，引進落空，空而未現，現而不見，使敵攻無所攻，守無所守，擊其要而避其勁，擊其虛而避其實，擊其微而避其顯，故云，四兩撥千斤，誠非虛語也。

活者，心機靈敏，動作活潑，勢若常山之蛇，擊首則尾應，擊尾則首應，擊其中則尾首俱應；能攻能守，非活而何。

合者，內而精氣與神，外而手、眼、身、法、步，使其表裏相應，上下相隨，剛柔相濟，動靜有節，虛實互用，則豁然貫通，乃稱合焉。

五 要

一、眼明

善擊技者，眼必明，不然，受制於人，何能克敵？如取守勢，未明敵之來勢；或欲攻擊，未明敵之虛實，貿然擊去，雖快雖硬，鮮能命中，則勞神耗力，其能久持乎？故云：未交手前，必先審察；審察已明，乘虛而入，出其不意，攻其無備，則事半而功倍，可謂眼明之證矣。

二、手快

手滯而露，其力雖大而易避；手快而隱，其力雖小亦難防。設如我與敵人同時發手，我手尚在進行之線，敵手業已先臨，雖欲避之，已無及矣。拳譜云：「以快打慢」，此之謂也。

三、心沉

應敵之際，切忌心慌，心慌則意亂，意亂則手足失措，攻守失當。故習拳者，當先治心。治心之道無他，沉著而已，不以危急而色變，不為強敵而心驚，其庶幾乎。

四、步穩

進步須近敵身，手到身隨，方能得勁。動如虎豹，靜如山丘；出入要有方位，進退令其莫測，欲進也故示之以退，欲退也故示之以進。故學者對於步位，須加意焉。

五、膽壯

技擊尚膽壯，膽壯則氣勇。邁步揉進，敵勁雖強，期在必摧；乘機而退，退而不亂，是乃膽壯之效用也。孟子謂孟施捨之勇，視不勝猶勝也，言其有大無畏之精神也。是以手、眼、步、心、膽五者俱備，然後能言技擊。然勝而不驕，退而不亂，非膽壯而心細者，其孰能之。

論　指

指力雖微，功效甚偉。指有勾、摟、擒、拿之性，使之輕則輕，使之重則重；緩則緩，速則速；邇則邇，遠則遠，何其靈也；使作準繩，可法可則，指雖剛而腕似棉，是其巧也。蓋力之所至，氣之所使也。學者當目在於斯，心在於斯，一身之精氣神俱注於斯，日積月累，使之力達於指，則不期然而然，莫之致而至矣。

論　掌

掌用翻轉之力。翻轉即陰陽，陰陽宗一氣。氣有清濁之別，掌有陰陽之變，惟須練習純熟，方能旋轉如意。果能專心致志，則全身之力，可運於掌矣。

論　捶

拳有剛柔並進之性，或曰：非柔不活，非活不快，非快不取；又曰：至剛不破，非剛不克。然此皆為偏倚之談，何若拳似流星、肱似繩，剛中含柔，柔以摧剛，剛柔相濟，為用之得當也。

論　腿

腿有升、降、進、退、踢、蹬、掃、截、勾、翦、踏、跺之分，為拳術中必要之具。蓋腿長於手，而力尤過之；然或用之不當，間有為害者。故學者於斯，當自權其功力，而後用之可也。

總訣

平心靜氣，無思無慮，舌抵上齶，氣沉丹田。

節目歌訣

預備捷拳勁直伸，鬆肩垂手足踵勻，
身從左扭腿微屈，雙手持拳與腰均，
順風衣領古人傳，吊手纏腕步當先，
二目注看前敵勢，靜而制動莫遲延，
順手推舟要順肩，進身撒手腿微拳（疑為蜷），
鬆肩墜肘腕增力，側體攻心取敵便，
靈獼護腦右手托，左手握拳搥海穴，

側面馬襠稱步弓，勝過弓蹬更便捷，
蜻蜓點水要神速，熟能生巧工夫足，
專攻敵人要害中，不必跳躍多勞碌，
葉底藏花退中守，陰陽相合變化有，
胸前出手便利多，或左或右攻即誘，
出爪高張手拓弦，身成十字左尖前，
手心向上為陽掌，中指挑勻要對肩，
摟膝拗行手足抬，向前右足左還摧，
躋襠反尾步虛實，右手勾摟左手推，
黑虎掏心出手長，三尖相對始為良，
一前一後攻兼守，十字擰身扣緊襠，
登山跨虎敵難容，左手架遮右足從，

蹲胯方能足抓地，敵人相望欲逃蹤，
魁星奪斗手相連，左右無差身莫偏，
左足跟前丁字步，附於右肘左當先，
金龍合口手毋高，防敵良機使莫逃，
掌合陰陽從後帶，後停胯下稍沉腰，
彩鳳回頭快翻身，轉身進步莫因循，
步虛制敵兼進退，左短右長備敵掄，
玉女穿梭手左挪，發將雙手在腰窩，
手心向外格推式，由此閃身敵奈何，
燕子穿簾步莫淹，掌須反背敵難拈，
展開雙手猶張翅，似虎離山下嶺巔，
懷中抱玉貴蓄勢，手置胸前善開閉，

量敵而進出手先，知己知彼不失利，
推窗望月腿雙彎，左手當心易格攔，
右手單推掌向外，目觀前手指頭端，
摘星換斗若何為，右足先提手目隨，
左手勾摟從上剔，右宜摟膝足踵支，
斂鋒收爪勢收查，左手後摟左腳挑，
非但防來左面敵，同迎左右乃為超，
分掌橫跺腿挺直，手足齊發方為劇，
若非鍛鍊功夫深，重點焉能貫一足，
獨立英雄先轉身，高低雙掌互通神，
勢如敗式非真敗，誘敵之機是好因，
迎門正跺用挑手，進步跺腿敵難走，

上虛下實方合宜，虛虛實實變化有，
柳線垂金向後轉，左掤右摟面沖前，
後將右足磨齊步，左足隨教外撇邊，
指南進步轉身衝，右足前騰速似風，
拳術多宜此等式，身成側面少遭攻，
丹鳳朝陽右足彈，雙雙挑劈掌相連，
弓蹬半步身須正，步穩氣沉自佔先，
風擺荷葉手托護，右步倒叉向後顧，
哪怕敵從四面來，聲東擊西敵難做，
順風擺柳吊擄勢，我力無能借敵施，
柔以致剛能變化，拳精尤貴快攻遲，
單鞭順式一條線，右腿直蹬左腿彎，

兩手握拳平正直，足踵實地穩如山，
進前踢打兩邊同，手足齊到方始攻，
莫道簡單程式易，無窮奧妙在其中，
渾元一氣即空提，雙手持拳心與齊，
氣守中和能得法，自然入化到神奇。

捷拳之表演

第一式　立正

身體立正，頭向上頂，如頂物然。二目平視，口微閉，舌抵上齶，氣貫丹田。兩手鬆攏下垂，兩足尖離開六十度，取靜默從容之態度，除去一切雜念，自然心靜氣清矣。

第一式　立正圖

達靡祖師謂人生感於情慾，一落有形之身，臟腑肢骸，悉為滓穢所染，必洗滌淨盡，無絲毫之障礙，方可步超凡入聖之門。

故習拳者，不由此，則進道無機

第二式　預備甲式圖

第二式　預備乙式圖

矣。是即先賢所謂靜而安，安而慮，慮而後能得者也。

第二式　預　備

第二式開始動作，身稍下沉而左轉，兩腿微屈，（足不動）。兩手握拳上提，附於腰間，手心向內。兩目亦隨左轉平視，為靜中求動。

前言靜乃清其內，此言動乃堅其體，體堅而精神亦充足矣。

達靡祖師謂人之一身，內而精氣與神，外而筋骨與肉，所組織而成者也；然使之周身靈活，手足翕張，伸縮裕如者，精氣神也；即如天地生物，亦莫不隨陰陽之氣而生焉，況於人生乎？且夫精氣神，乃無形之物也，筋骨肉，乃有形之身也，此法必練有形者，為無形之佐；練無形者，為有形之輔，是一而二、二而一者也。

若專練無形，而棄有形則不可；專練有形，而棄無形則更不可。所以有形之身，必得無形之氣相和而不違，乃成不壞之體。

設學者不明此義，不特不得捷拳之要妙，而且徒費時日，虛耗工夫，深望學者悉心體驗之。

第三式　順風領衣

接前式，右足跨進一步。同時，左手手心向下，由腰際前猛向後拎（為吊手），肘尖沖下，微有下沉之意，手腕用勁。身微下蹲而後挺，以助其力。右手握拳，手心向上，置於腰際，與腰帶齊。

第三式　順風領衣圖

第四式　順手推舟圖

右足尖向外撇，左足跟提起，身體半面向左。目注前手。

第四式　順水推舟

接前式，左手翻轉收回，微有下沉之意，置於腰際，手心向上。此時，左足往前跨進一步。右手猛向前推，手掌有勁，手指向上，手心向左，鬆肩墜肘。身體向左，右膝蓋頂於左腿彎，左足尖向外撒，右足跟提起，兩腿微彎。目注右手中指尖。

第五式　靈獮護腦

接前式，右手向外翻轉，由頂

上抽回，胳膊微彎，手心向上，用托勁，手背離頭頂約二寸許；同時，左拳由腰間翻轉前射，用衝勁，手心向右，大指上節頂於中指上節根，使中指中節突出，五指扣緊，鬆肩墜肘，挺腕。

第五式　靈獮護腦圖

腰隨右猛轉，兩足尖稍向前，身體向右。目注左拳之上節。

第六式　蜻蜓點水

接前式，左足微向前進，足尖向前；右足向前跟步，右足跟靠於左足跟之右後方，約二寸許。同時，右手五指收攏（不可加緊），再極力向前撒，如投物然，手心向右下方，中指用勁，鬆肩，墜肘，挺腕；同時，左拳變掌，抽回貼於右胳膊彎。

第六式　蜻蜓點水圖

第七式　葉底藏花圖

兩腿微屈，胸部微向後吸，身體向前。目注右手中指尖。

第七式　葉底藏花

接前式，上身不動，退後三步，先退右足，次退左足，再退右足，及右足著地時，將身子往下猛蹲。左手變拳，沿右手腕下向前衝出，鬆肩，墜肘，挺腕，拳握緊，仍將中指突出，拳尖用勁；右手貼於右胳膊彎，手指朝上。

步法用弓蹬步，身體半面向右。目注左拳之上端。

第八式　出爪亮翅

接前式，左足往後收回，離右足脛二三寸許，足跟提起，足尖點地，兩腿微彎。左手同時往後摟，手指向下（目隨視摟手），腕肘俱彎。左足再向右前方斜進半步，仍足尖點地。

同時，右手向前伸，左手向後伸，如撇物之狀，兩手中指用勁，手心向上，與肩平，腰向左擰勁。目注右手中指。

第八式　出爪亮翅圖

第九式　摟膝拗步

接前式，右手向左後掛（目隨視掛手），手指向上與左肩齊，手心向左；左手同時向下翻轉，變為鈎手，手指向上。

第九式 摟膝拗步圖甲

第九式 摟膝拗步圖乙

微停，次將右腿提起。右手由左膝前，向下向後摟（摟手同前）。右足即前進一步，足尖點地。左手隨從左脅之前翻轉前推，手心向右，手指向上與肩平，手掌用勁。目注左手食指尖。

第十式 黑虎掏心

接前式，左足向左前方移動，距離隨人之身體，以不費力為宜。左手先向右掛（同前），次即向前向左後擄（歸抱肘式）；再右手變拳，向前衝。左腿下彎，右腿向後蹬直（為弓

第十式　黑虎掏心圖

第十一式　跨虎登山圖

蹬步），兩足往下蹬勁，兩膝往裏扣勁，擠襠，反尾，擰腰，順肩，墜肘，挺腕，右拳向前伸勁，左膀往後擺勁，右拳與左右肩成一平直線。目注右拳大指根節。

第十一式　跨虎登山

接前式，右手抽回歸抱肘式，左拳變掌由胸口前向上翻，胳膊微彎，手心向上，手指向右，手背相離頭頂寸許，手腕向上、向外翻勁。

同時，右腿向前蹬，足尖向右上方，足跟用勁，足掌向前仰，所蹬之

第十二式　魁星奪斗圖

足高不過膝。目注右足。

第十二式　魁星奪斗

接前式，右足落地時，極力向前邁；左足向前跟，足尖點地。右拳向前衝，鬆肩，墜肘，挺腕，手心向左，拳與肩平；同時，左手向下壓，手指向上，附於右胳膊彎。目注右拳食指中節根。

第十三式　葉底藏花

第十三式葉底藏花，同前見第七式。

第十四式　金龍合口

接前式，雙手向後向下擄，如拉物然，左手拉至左胯之下停住，手心向外；右手拉至右膝之下停住，手心向內，兩胳膊微彎。同時，左足

第十四式　金龍合口圖

第十五式　彩鳳回頭圖

往後撤半步，足尖點地，兩腿微彎，兩膝蓋向左前方，右胯微向下沉。兩手向後抽勁，並有下按之意。身體向右，目注兩手之間。

第十五式　彩鳳回頭

接前式，左足前進一步，右足再進一步。同時，左手手腕向外擰，手心向前，由腹部向上畫，畫至目前往後擄。左足退後一步，此時身體成一大轉身式。

右手亦隨著轉身，上下畫一圓圈，惟左手用擄勁，右手畫至上方變拳，往下劈勁，手心向左上方，左手附於右胳膊彎。兩腿微彎，右足尖點地，身體向左。目注右拳大指。

第十六式　玉女穿梭

接前式，左足向前方斜進一大步，右足向前跟步，右足尖離左足跟二寸許。

第十六式　玉女穿梭圖

同時，右手收回，手心向上，右掌與小指貼於心口之前；左手向上架，指尖向右，手心向上，胳膊彎如弧形；右手同時向前推，手指向上，與喉齊，手心向外，掌根用勁。身體向前，目注右手中指尖。

第十七式　燕子穿簾

接前式，右足向右閃進一步，左

第十七式　燕子穿簾圖

足亦向右跟步，進至右足脛骨前，足尖點地。左手手掌向右向下壓，掌貼於右腕；同時，右手貼近左手內腕，向右向上穿出，兩手手心俱向上。

再將左足向前方進半步，足尖點地。左手同時向左前方伸去，與肩平。兩腿微彎，身體半面向右。目注右手小指。

第十八式　懷中抱玉

接前式，左足向左前方進一大步。兩手往下鬆垂。右足向前跟進一步，足尖點地。

兩手向上向後掛，右手虎口與心口齊；左手微高，位於右手之前，左手大指離右手小指寸餘。左腿向下弓，右腿向下彎，右膝蓋緊抵左腿

第十八式　懷中抱玉圖

第十九式　推窗望月圖

彎，左足尖與左膝蓋成一垂直線。身體向前，目注右手虎口。

第十九式　推窗望月

接前式，左足向前進一大步，右足向前跟步，足尖點地，右膝抵住左腿彎，身體向前。目注前手虎口。

右手向前推，掌根用勁；左手微向下壓，兩手手指俱向上，手心俱向前，左手置於心口前。

第二十式　摘星換斗

接前式，右手往裏拓，手心向上，朝著左腮向後掛（此時右足落地）。左足高提。左手沿右手手背向上撩，亦往後摟。摟時二目隨著手向後看（抅子手）。左手衝左上方。微停，再左足落地，右足提起（目視右手）。從右膝前往後摟（成勾手），手指向下。

第二十式　摘星換斗圖

此時右足向前落地。左手向裏反轉下落，手心向上，從右脅貼著心口向前推，手心向右，手指向上，掌緣用勁，左手與肩平，右手微高。身成十字形，右腿向後蹬直。目注右手食指。

第二十一式　收爪斂鋒

接前式，左足向前進一步，進至右足脛骨，足尖點地；右足前進時，身體稍向右轉，又往下蹲。同時，左手向後摟（成勾手），手心向

第二十一式 收爪斂鋒圖

第二十二式 分掌橫跺圖

上；同時，右手往上挑，挑至左肩，手指與肩齊，手心向左，大指與食指貼於胸部。目注右手指尖。

第二十二式 分掌橫跺

接前式，兩手向心口前合攏，作交叉形，兩手手心向上，右手腕壓住左手腕。目視兩手之中間。次將左腿高提，向左橫跺，足指向右後仰，足跟用勁。

同時，左右手向左右平分（與肩平），手指俱向前，掌緣用勁。兩腿挺直。目注左足。

第二十三式　英雄獨立圖

第二十三式　英雄獨立

接前式，左足縮回。兩手仍歸交叉形。身體猛向右向後轉，左足猛向下跺地，右足提起，前進半步，足尖點地。

左手從胸前向上托，胳膊彎如半月形，手背離頭頂寸許，手指向右，手心向上；左（校點：應為「右」）手往下劈，手掌用勁，手指向右下方，離右膝蓋二寸許。兩膝蓋往裏合，兩腿微彎，身體向右。目視右前方。

第二十四式　迎門正跺

接前式，右足全足蹬地，左足前進一步。右手向上挑，亦往後帶，歸抱肘式；同時，左手向下劈，劈至心口前變為拳，向前平出，手心向

第二十四式　迎門正跺圖

右。同時，右足向前蹬，足尖向上，足趾向後仰，足跟用勁，兩腿挺直。身子不可偏斜，亦不可俯仰，微向後坐，身體向前。目注左拳之大指。

第二十五式　魁星奪斗

同十二式。

第二十六式　葉底藏花

同第七式。

第二十七式　金龍合口

同十四式。

第二十八式　彩鳳回頭

同十五式。

第二十九式　靈獮護腦

同第五式。

第三十式　柳線垂金

接前式，身體向右轉，右足向後退一步。同時，左手由胸前向上架，胳膊微彎，手心向上；右手向下向後摟。左腿下彎，足尖向外撇，右腿挺直，足尖點地，足跟蹺起。目注左手手背。

第三十式　柳線垂金圖

第三十一式　藤蘿掛壁

接前式，左腿向後退一步，右腿下彎，左腿蹬直，足尖衝前。同時，右手經胸部之前向上架（架手與前同），左手往下壓，壓至與臍相齊停住，左手手心向下，手指向右。二目

第三十二式　進步指南圖

第三十一式　藤蘿掛壁圖

向前平視。

第三十二式　進步指南

接前式，身體向左向後轉，（轉身時）左足尖蹺起，足跟碾勁。同時，左手手心向下，往前擄；右手往下沉，即變為拳，由右脅貼於左手上方往前衝，手心向左。

在右拳衝時，右足前進半步，足尖點地。左手附於胳膊彎。兩腿微彎，身體向左。目注右拳食指中節。

第三十三式　丹鳳朝陽圖

第三十三式　丹鳳朝陽

接前式，右拳變掌，向右耳後方掛，左手向前推。左足提起，右足隨向前踢，將腿挺直，足尖用勁。

式不停，將右足向左足之後撤一步，左腿下彎，右腿蹬直。同時，右手向前向下劈，左手附於右胳膊彎，右手手心向左，手指向前，掌緣用勁。目注右手大指。

第三十四式　風擺荷葉

接前式，右足向左後方倒叉一步，足尖點地；右膝蓋抵住左腿彎，兩腿下彎，身體往下沉。同時，右手向下垂，又往右往後拉，再往上托，胳膊彎曲，手指向左，手心向上；同時，左手向左平出，手心向

第三十四式　風擺荷葉圖

第三十五式　順風擺柳圖

上，手指向左，手與肩平，身體向左。目注左手。

第三十五式　順風擺柳

接前式，左足向左前方進半步，足尖點地，足跟向後，兩腿微彎。

同時，左手向右向後擄，手與臍齊停住；同時，右手向後向下按，按至心口之左方，與心口平，手心向下，雙手五指分開，手指相印，兩肩向外開勁，兩肘向內抖勁，身體向右。目注右手指尖。

第三十六式　單鞭圖

第三十七式　單擄手圖

第三十六式　單　鞭

接前式，右手向裏，左手向下壓，兩手變拳，右手向右向後衝，左手向左向前衝，兩拳與肩平。同時，左足前進半步，左腿下彎，右腿蹬直。兩手與兩腿上下成一垂直線，身體挺直。目注左手大指節根。

第三十七式　單擄手

接前式，左手向下向後擄，右手不動（擄手），與金龍合口相同，步法亦同，惟彼是雙手擄，此用單手擄耳。

第四十式　前進踢打圖

第三十八式　彩鳳回頭

同十五式。

第三十九式　黑虎掏心

同第十式。

第四十式　前進踢打

接前式，右手向後拉，歸抱肘式，右手向前平出，指尖衝前，手心向右。同時，左腿向前踢，足尖用勁，兩腿挺直，兩胯向裏合住勁，右足向下蹬住勁，身體向前。目注左足足尖。

第四十一式　左前進踼打

同四十式。

第四十二式　迎門正跺

同二十四式。

第四十三式　魁星奪斗

同十二式。

第四十四式　葉底藏花

同第七式。

第四十五式　金龍合口

同十四式。

第四十六式　彩鳳回頭

同十五式。

第四十八式　渾元一氣圖

第四十七式　靈獮護腦

同第五式。

第四十八式　渾元一氣

接前式，左右足向後各退半步，兩腳靠攏，兩腿微彎。左手變拳，右手握拳，抱於臍前，再兩手下垂，歸立正式。

中華民國二十年三月印刷
中華民國二十年三月出版

捷拳圖說（全一冊）
△（實價大洋三角）
（外埠酌加郵費匯費）

著述者 傅秀山
發行人 沈駿聲
印刷所 大東書局 上海北福建路二號
總發行所 大東書局 上海四馬路中市
分發行所 南京 遼寧 天津 漢口 長沙 哈爾濱 廣州 梧州 成都 北平 汕頭 徐州 大東書局

實用大刀術

金恩忠 著

李清崎 題

金恩忠著

實用大刀術

全一冊

天津大公報社代印

著者金恩忠小影

序言

最近我軍大刀隊迭獲勝利，知肉彈之堅，強於炮彈。我中華地大物博，以四萬萬七千萬同胞之血肉、與區區三島之小鬼相周旋，倘人人抱必死之觀念，各個有犧牲之決心，制勝非難也。茲參照國技撲刀、削刀、雙手帶等術，研究實用大刀術十二式，其中無門路，無秘訣，無派別，無家法，簡稱之為大刀術。

粉飾美觀之花法，忽進忽退之套路，一切配合而成之假打式，均不採用；取其直進殺敵之意，以東瀛刺槍術，直刺、滑刺、下刺為假設敵。習是者，可以強壯其身體，增進其膽力。蓋膽力者，由自信力而發生。習技術者，有殺敵致勝之手段可恃，有恃無恐，於是自信力堅；自信力既堅，膽力油然而生矣。簡而言之，養成今日之鐵漢，預備異日之肉彈，庶幾殺敵制勝尋恥振威權。

近今軍隊，雖相兼練習大刀術，然非春秋刀之變像，即雙手帶之套數，粉飾外觀。其式忽進忽退，或三趟五路，學者感記憶之非易，亦乏實用之手法。雖稱靈活於平日，而不能適用於臨陣者居多，況無圖書可證，輾轉相傳，炫奇示異，未免失真，誠其不能為用也。近以榆關之失，熱河之陷，凡我國民，無不氣憤填胸，且知我國不與日本宣戰則已，如其宣戰，設非精熟拼命殺敵之劈刺術者，決難抵敵武士道大和魂肉彈主義之暴日。

今研究實用大刀術十二式，既不繁長，復合實用。苟操之以恒，持之以時；練習於平日，備用於臨時，一旦遇事，奮其技能，振其精神，可以殺敵，可以防身，無論平時戰時，皆有利者也。

實用大刀術 目錄

實用大刀術十二式

握刀式

【口令】

「立正」。

【動作】

本操典中立正姿勢之動作，唯右手握刀。

【姿勢】

右手握刀柄上部，虎口向下扣勁，刀刃向下，刀頭向前，刀柄向後，刀身前後傾斜四十五度，右手脈窩附於右股，目視前方，餘與立正姿勢同。

【功用】

為大刀術之基本柄向姿勢（圖一）。

預備式

【口令】

「向右——轉」。

圖一

【動作】

由握刀式，向右轉。同時，右臂從胸前上屈，右手持刀，由胸前將刀頭轉向上方，刀刃向前，左手取捷路接握刀柄下部。頭隨左轉，目視前方。

【姿勢】

身體正面向右，左肩向前，右肩向後。右手握刀柄與刀盤密接，右手與右肩同高；左手握刀柄下部，隨刀身方向，刀身垂直，刀刃向前，形如托槍之第一動，右手虎口向前，左手虎口向後，刀身距胸約二十生的。目視前方。

圖二

【功用】

預備式，形如操法中之立正姿勢，亦行術殺敵之基本姿勢。姿勢雖簡，功用至大，其唯一之要項，即尚武精神之流露，攻擊精神之表現，宜閉口藏舌，靜心息氣，抱拼命之決

圖三

心，必死之觀念（圖二）。

第一式

【口令】

「劈刀——一」。

【動作】

承上式，右足震地，左足向前進半步，足跟提起。同時，右手向右扳刀，左手隨之向上移動，刀背抵肩窩（圖三）。隨即，左足向左前進一步，右足不動。右手用力向左前推刀頭，左手合力向回收刀柄，猛力向左前斜劈一刀，右手虎口極力向左前扣勁。目隨刀頭行止。

圖四

【姿勢】

左腿在左前躬起，右腿在後伸直，足跟蹬地，兩足尖向內扣勁。刀頭高，刀柄低，右手虎口向左前，左手虎口向右前，刀刃向左，刀身與左腿成直線，刀頭與眼同高。目視刀頭。

【功用】

敵從正面順我刀之左側，刺我上部時，我震步作勢，以亂敵神，隨用刀刃中部，猛力劈敵持槍前手，順勢從敵槍左面，推敵槍於我之左前。敵槍直力較猛，我刀橫力較微，須右手推左手收，合力行之，右手須用虎口扣勁（圖四）。

第二式

【口令】

「掛刀——二」。

【動作】

承上式，右足不動，左足收回半步，足跟提起。右手將刀頭向下沉，刀背向後，再掛向後方，轉向頭之右上，刀刃已向前，隨即收於右肩前，左手合力隨之。目隨刀頭行止，身稍下蹲。

【姿勢】

身體正面向右，左肩向前，右肩向後。兩腿微屈，左足在前，足跟提起；右足在後，足尖向右。

刀刃向前，右手與下頷同高，虎口向前，左手虎口向後，刀身垂直，距胸約二十生的。目視前方。

【功用】

敵從正面順我刀之右側，刺我中部時，我沉刀頭下壓敵槍右上面，隨即向後掛，已掛敵左面，向後一掛，已將敵槍掛於我之右前，即乘勢劈敵胸部；或持槍前手，持刀窺敵動靜，刀壓敵槍右上面，轉掛敵槍左下面，係用刀背向後掛，即繳纏之作用（圖五）。

圖五

第三式

【口令】

「斬刀——三」。

圖六

【動作】

承上式，左足向右前進半步。同時，刀頭從上向前下沉，用刀背順右腿。右足向進一步（圖六）。同時，刀頭從左肩旁向上掛，掛至左上方，此時，刀刃已向後。左足再由右腿後偷進一步。

同時，刀頭從上轉刀刃向前，猛力向前斬去。目隨刀頭行止，動作須敏捷為功。

【姿勢】

兩腿如坐盤式，左膝蓋在右膝窩後。身體正面向左，右肩向前，

圖七

左肩向後。刀頭與肩同高，刀刃向下，刀頭向前，刀柄下端在右股上。目視刀頭，右手虎口向前下方。

【功用】

敵從我左前順我刀之左側，刺我中部時，我一面進步，同時用刀背掛敵槍右上面，隨向後掛於我之左前。敵正面已失防護，我即逼近，順勢刀由頭之左上方，猛力向前斬去，斬敵之上部及持槍前手（圖七）。

第四式

【口令】

「掃刀——四」。

【動作】

承上式，左足取捷路，繞右腿向左前進一步，右足隨之向前進一步，須用一種靈活步度，取其臨機應變之實用。

同時，刀刃向左橫撥一刀，隨即向前下橫掃。目隨刀頭行止。右手虎口向左下扣勁。

【姿勢】

兩腿微屈，形如騎馬式，右足在前，左足在後。身體正面向左，右肩向前，左肩向後。刀刃向右，刀頭向前，刀柄高於刀頭，成小斜波形。右臂伸直，虎口極力向左前下方扣勁；左臂屈於小腹前，虎口向

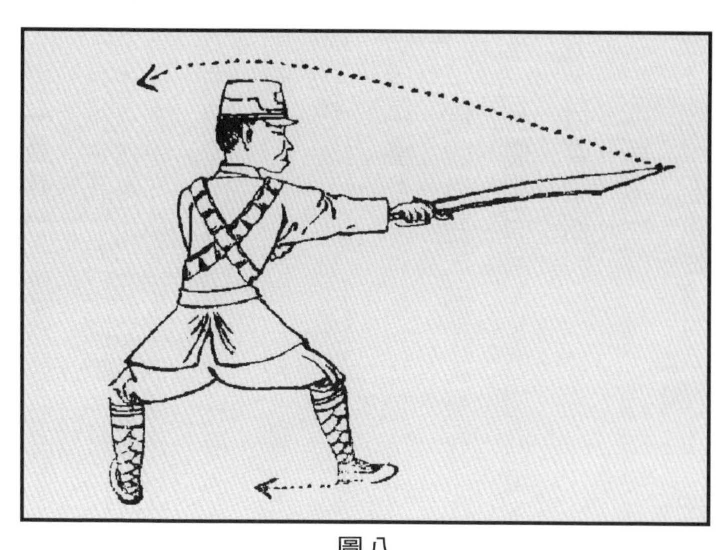

圖八

前。目視刀頭。

【功用】

敵從左前順我刀之左側，刺我中部時，我一面進步，同時用刀刃撥敵槍左面，右手虎口向左扣勁，即將敵槍撥於我之左前，乘勢轉刀刃向右前，橫掃敵下部及持槍前手（圖八）。

第五式

【口令】

「撩刀——五」。

【動作】

承上式，左足震步，身向後傾。同時，刀背向上掛，掛至頭之右上方。右足向後退半步（圖九）。同時，刀刃從後轉，轉至右腿右方，猛力向前撩出，刀刃向上（圖十）。不停，左足由右足後向前偷進一步。同時，刀頭從前向左轉，轉至左肩旁，刀背向前，猛力從下向前撩出，兩手虎口向前。目隨刀頭行止。

【姿勢】

兩腿微屈，形如坐盤式，左膝蓋在右膝窩後，右肩向前，左肩向後，身體正面向左，刀刃向下，刀頭向前，與肩同高，兩手虎口向前上方，目視刀頭。

【功用】

敵從正面順我刀之右側，刺我上部中部時，我震步向上掛刀，即掛

圖九

圖十

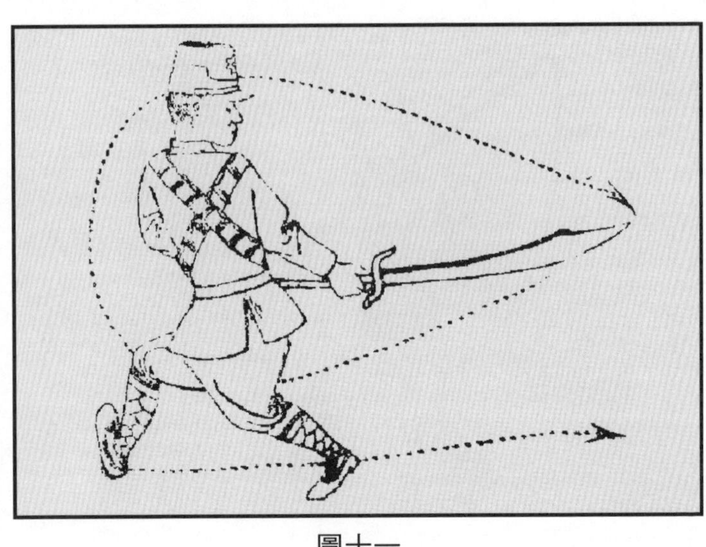

圖十一

敵槍右面，向後扳右手，已將敵槍掛於我之右前，隨即進步用刀刃撩敵下部及持槍前手。

敵復刺我上部，我向上轉刀時，即帶敵槍左面，向後一轉，已將敵槍帶於我之左前，偷步乘勢用刀背猛力撩敵持槍前手，唯須敏捷連貫為用（圖十一）。

第六式

【口令】

「掄刀——六」。

【動作】

圖十二

承上式，右足向前，急進一步，身體隨之向前傾。同時，刀頭從前向下沉，沉至小腹前，取捷路從左肩向前轉刀刃，猛力向前掄去，右手虎口向前扣。目隨刀頭行止。

【姿勢】

右腿在前躬起，左腿在後伸直。右肩在前，左肩在後，上身極力向前傾，身體正面向左。刀刃向前下方，刀頭與眼同高，刀頭向前順右肩之方向。右手虎口極力向前下方。目視刀頭。

【功用】

敵從正面順我刀之右方，刺我下部時，我向下沉刀，即壓敵槍左面，向後一轉，已將敵槍帶於我之左方，乘勢隨槍進步，掄刀劈敵上部及持槍前手。

如敵刺我上部，即用帶刀，以刀背將敵槍帶於我之右前，掌中須有作用，兩手須合力為功（圖十二）。

第七式

【口令】

「繳刀——七」。

【動作】

承上式，左足向左前進一步。同時，刀頭就原方向向下沉，右手虎口向左前下方扣勁（圖十三）。

圖十三

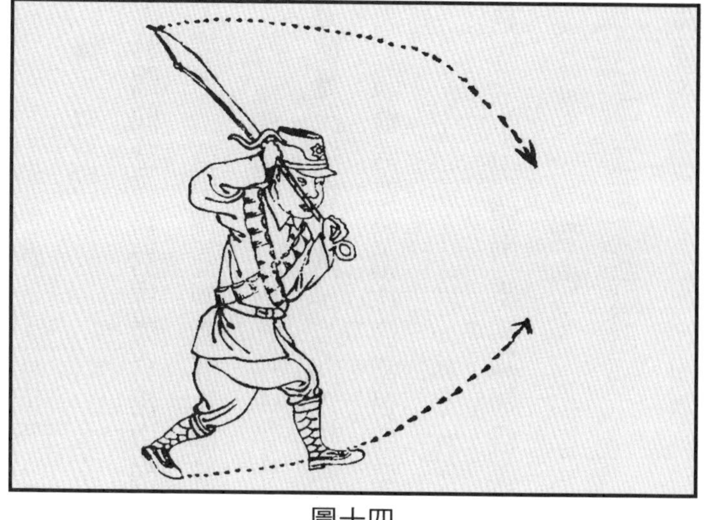

圖十四

右足向前進一步，刀頭已轉至右腿旁，刀背向後，刀頭向下，不停，向後繳，繳至刀頭在頭之右上方（圖十四）。

左足急向左前進一步。刀頭從上向左前劈去，右手虎口極力向左前。目隨刀頭行止。

【姿勢】

左腿在左前躬起，右腿在右後伸直，足跟著地，兩足尖向內扣。右肩極力向前，左肩向後，上身向前傾。刀頭斜向右前方，刀刃斜向左前下方。

右臂伸直，虎口扣勁；左臂屈於左股上，刀頭與眼同高。目視刀頭。

【功用】

敵從正面順我刀之左側，刺我上部時，我向前下沉刀，即壓於敵槍

圖十五

左上面，向右後繳刀時，即順敵槍左下面，繳敵槍於我之右面。隨乘勢進步，以取敵上部及持槍前手。

此為繳纏式，唯腕關節及手掌虎口，均須有合力，步法亦須靈活為功（圖十五）。

第八式

【口令】

「揉刀——八」。

【動作】

承上式，左足向前進半步。

圖十六

同時，刀頭從上向前下沉（圖十六），刀刃向下，隨翻腕用刀背向後掛。同時，右足進一步。掛至右後方（圖十七）。

不停，左足再進一步，右足隨進半步，進於左足右後方，足跟提起。同時，刀刃轉向前方，從右上方猛力向前下搽去，右手虎口向前下方扣勁。目隨刀頭行止。

【姿勢】

兩腿微屈，左足在左前，右足在右後，足跟提起，兩足相距約五

圖十七

十生的。身體正面向左前，左肩向後，右肩極力向前。

刀頭與眼同高，刀柄正對左膝，刀身順膝之方向，刀刃向左前下方。

兩手虎口向前，右手極力向左前扣勁，右臂伸直在上，左臂微屈於下。目視刀頭。

【功用】

敵從前方或右方順我刀之左側，刺我上部中部時，我向前下沉刀，壓敵槍左上面，即向右後繳，

圖十八

繳至身之右後，乘勢採敵上部及持槍前手。

此為最應用之連環式，苟能熟習之，臨敵制勝不難矣。唯掌中之作用，兩手之合力，步法之靈活為用（圖十八）。

第九式

【口令】

「撥刀——九」。

【動作】

承上式，左足向右前橫進半步。同時，刀刃向前，刀頭向左傾

圖十九

（圖十九）。

右足向右前橫進一步，左足隨右足進半步，足跟提右。同時，刀刃仍舊，猛力向右前橫撥，刀刃已向右（圖二十）。

不停，右足向左前橫進半步。同時，刀刃仍向前，刀頭向右傾（圖二十一）。

左足向左前橫進一步，右足隨進半步，足跟提起。刀刃仍舊，同時，刀頭向左前橫撥一刀，刀刃已向左。目隨刀頭行止。

圖二十

圖二十一

【姿勢】

兩腿微屈，左足在左前，右足在右後，足跟提起，兩足距約五十生的。身體正面向左前，左肩向後，右肩向前。

刀刃向左，刀頭微高於刀柄，刀頭與胸同高，順左腿之方向。右臂伸直，虎口極力向左前扣勁，左臂收屈於左股上，身體微屈，胸向左前傾。目視刀頭。

【功用】

敵從左前順我刀之左側，刺我上部中部，適從右前來敵，順我刀之右側，刺我上部中部時，我橫步向左傾刀，即壓左前敵槍之左面，右手虎口扣勁，已將左前敵槍壓於我之左前，乘勢進步橫刀，壓於右前敵槍右面，即將右前敵槍壓於我之右前，乘勢撥擊敵持槍前手。此為先防左前後攻右前。

圖二十二

（敵）忽又從右前順我刀之右側，刺我上部或中部，適從左前來敵，順我刀之左側，刺我上部中部時，我仍用橫步向右壓刀，壓於右前敵槍之右面，壓於我右前，乘勢橫掃左前敵槍左面，即將敵槍撥於我之左面。

此式為一人應付數敵拼鬥之式，然苟非步法靈活，手法敏捷，不為功也，蓋驚上取下，聲東擊西之意（圖二十二）。

第十式

【口令】

「拉刀——十」。

【動作】

承上式，左足後退一大部，須足掌不離地，向後拉步，右足隨之後退半步，足掌亦不離地。同時，刀刃轉向下方，兩手虎口向下扣勁，合力向下向後連壓帶拉。目隨刀頭行止。

【姿勢】

右腿在前略伸，足跟離地；左腿在後略躬，足跟著地。右肩在前，左肩在後。刀刃向下，刀頭與腹同高，刀頭向前，刀身成斜波形，刀頭微高於刀柄。右臂伸直向前下，左臂微屈於左股上，兩手虎口向前。目視刀頭。

圖二十三

【功用】

敵從正面順我刀之左側或右側，刺我中部下部時，我退步收刀，連拉帶壓，壓敵右面或左面，壓於我右前或左前，即乘勢進步以刺之，或窺敵動靜（圖二十三）。

第十一式

【口令】

「纏刀——一」。

【動作】

承上式，兩手從下向左上翻腕，手心向右，刀刃轉向右上方

圖二十四

（圖二十四）；再向右下纏，纏至刀刃向上，即如用刀刃從下向左上，再向右上，再向右下，再向左上，轉一圈之意，即行抽刀，抽至右手抵胸，刀刃仍向上，刀頭向前，身體正面向左。

同時，右足提起，收於左腿裏股，成為左足獨立式（圖二十五）。

不停，右足向前躍進一步，左足隨即提起，收於右腿裏股，成為右足獨立式。同時將刀從原方向，向前猛力刺去，刀刃仍向上（圖二

圖二十五

圖二十六

十六）。

不停，左足隨即後退一步，足掌不離地，須向後拉步，右足隨之後退半步，足跟提起。同時，刀刃轉向左方，向左向後猛抽。目隨刀頭行止。

【姿勢】右足在前微躬，足跟提起；左足在後微躬，足跟著地，右足尖向前。右肩在前，右臂伸直；左肩在後，左臂微屈。刀刃向左，刀頭與胸同高，刀柄微低於刀頭，虎口向左前。目視刀頭。

【功用】敵從正面順我刀之右側，刺我上部中部時，我向上翻腕纏刀，即接敵槍左下面，向右下纏，即壓敵槍左上面，向後抽刀，即將敵槍纏於我

圖二十七

之左方，乘勢躍步刺敵上部。

不停，即退步抽刀，順勢橫撥敵持槍前手。此式須掌中作用，腕開節之翻轉，與步法之靈活，方為功（圖二十七）。

第十二式

【口令】

「刺刀——二」。

【動作】

承上式，左足足掌撐地。

支撐右足向前進一步，左足不離地，隨進半步，足跟提起。同

圖二十八

時，右手虎口向前扣勁，將刀刃轉向下方，猛力向前刺去（圖二十八）。

不停，左足向左前進半步，刀頭向前下沉（圖二十九）。

右足向前進一步，刀背向後，已轉至後上方（圖三十）。

左足再向左前進一步，刀頭從右上方，猛力向前刺去；同時，右足足不離地，隨進半步，足跟提起（圖三十一）。

不停，右足後退一步，左足隨

圖二十九

圖三十

圖三十一

退半步，足跟提起。同時，刀刃轉向右方，右手反腕在前，左手反腕在後，刀頭向前，與肩同高（圖三十二）。

不停，左足隨向前進半步。將刀刃轉向前方，猛力向前，連劈帶刺。左腿隨即躬起，右腿隨即伸直。目隨刀頭行止。

【姿勢】

左腿在前躬起，右腿在後伸直。身體正面向右前，左肩向前，右肩向後，右臂在前伸直，左臂在

圖三十二

後微屈。刀向前下方，刀頭向前，與肩同高，刀頭柄低於刀頭，兩手虎口向前。目視刀頭。

【功用】

敵在正面，有隙可乘，即急進步以刺敵上部或中部或持槍前手。敵不支而退，我繳刀以進，追刺敵上部中部。敵回身順我刀之右側，刺我上部，我收刀壓敵槍左面，向後抽刀，將敵槍抽於我右側，順勢撥敵持槍前手，急步猛力向前劈刀，取敵上部。

圖三十三

此法為連環殺敵之式，步法須靈活，腕關節須敏捷，掌中之作用，虎口之扣勁，方為功（圖三十三）。

收式

【口令】

「停」。

【動作】

左足不動，右足靠向左足。同時，刀頭從前下沉向右後轉，轉至刀身在右肩，此時身體正面向右。

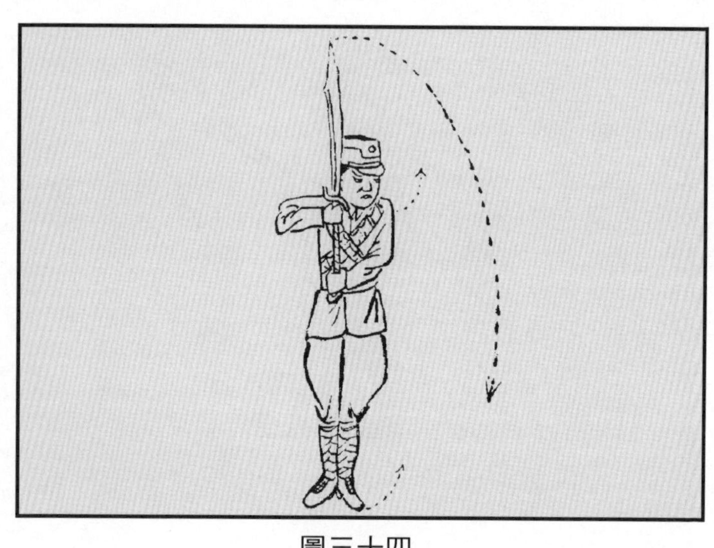

圖三十四

【姿勢】

與預備式同。

【功用】

練畢收式，以便自習（圖三十四）。

刀放下

【口令】

「向左——轉」。

【動作】

一面向左轉，同時將刀分手，取捷路仍歸原位。

圖三十五

【姿勢】與握刀式同。

【功用】操作完了，以資休息（圖三十五）。

中華民國二十二年六月出版

初版一——一五〇〇

實用大刀術（全一冊）

定價大洋二角【外埠郵費一角】

著作者　金恩忠

印刷者　天津大公報社

發行者　天津書局

分售處　各書店均代售

導引養生功 全系列為彩色圖解附教學光碟

張廣德養生著作　每冊定價 350 元

輕鬆學武術

太極跤

彩色圖解太極武術

太極功夫扇

武當太極劍 49式

楊式太極劍 56式

楊式太極刀

二十四式太極拳

四十二式太極劍

四十二式太極拳

楊氏二十八式太極拳

夕陽美
功夫扇 56式

綜合四十八式太極拳

楊氏三十七式太極拳

楊氏五十一式太極劍

公車站
東華街二段
東華街一段
← 往北投、淡水
1 →2 捷運石牌站2號出口
往明德站(台北方向) →
西安街二段
西安街一段
公車站
資源回收
西安街一段293巷
公車站
往榮總、天母
榮光公園
水果店
石牌國中
石牌路一段166巷
瑞興銀行
自強街
致遠公園
石牌路一段
公車站
大展品冠
致遠一路二段12巷
公車站
石牌國小
7-11
屈臣氏
致遠二路
致遠一路二段
致遠一路一段
陽信銀行
頂好超商
7-11
郵局
石牌路一段
華南銀行
公車站
公車站
自強街
石牌公車站
石牌派出所
往北投、淡水
承德路七段
文林北路
石牌公車站
承德路六段

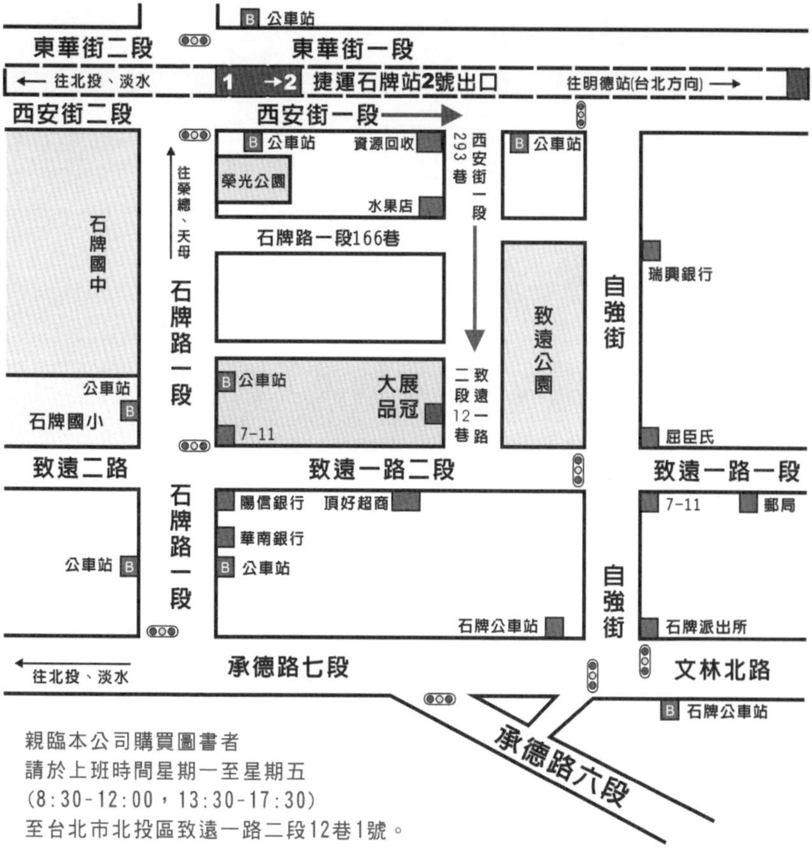

親臨本公司購買圖書者
請於上班時間星期一至星期五
(8:30-12:00，13:30-17:30)
至台北市北投區致遠一路二段12巷1號。

建議路線

1.搭乘捷運

淡水信義線石牌站下車，由月台上二號出口出站，二號出口出站後靠右邊，沿著捷運高架往台北方向走(往明德站方向)，其街名為西安街，約80公尺後至西安街一段293巷進入(巷口有一公車站牌，站名為自強街口，勿超過紅綠燈)，再步行約200公尺可達本公司，本公司面對致遠公園。

2.自行開車或騎車

由承德路接石牌路，看到陽信銀行右轉，此條即為致遠一路二段，在遇到自強街(紅綠燈)前的巷子左轉，即可看到本公司招牌。

國家圖書館出版品預行編目資料

大梨花槍圖說・捷拳圖說・實用大刀術／程人駿・傅秀山・金恩忠 著
——初版——臺北市，大展，2018［民107.10］
面；21公分——（老拳譜新編；40）
ISBN 978-986-346-225-5（平裝）
1.器械武術 2.拳術 3.刀
528.974　　　　　　　　107013309

大梨花槍圖說・捷拳圖說・實用大刀術

著　　者／程　人　駿／傅　秀　山／金　恩　忠
責任編輯／王　躍　平／馬　軍　艷
發 行 人／蔡　森　明
出 版 者／大展出版社有限公司
社　　址／台北市北投區（石牌）致遠一路2段12巷1號
電　　話／（02）28236031・2巷8236033・28233123
傳　　真／（02）28272069
郵政劃撥／01669551
網　　址／www.dah-jaan.com.tw
E-mail／service@dah-jaan.com.tw
登 記 證／局版臺業字第2171號
承 印 者／傳興印刷有限公司
裝　　訂／眾友企業公司
排 版 者／千兵企業有限公司
授 權 者／山西科學技術出版社
初版1刷／2018年（民107）10月

定　價／250元